365
CURIOSIDADES
ALUCINANTES
SOBRE EL
FÚTBOL

Papel certificado por el Forest Stewardship Council®

Primera edición: junio de 2023
Segunda reimpresión: febrero de 2024

© 2023, Diana Seguí Jiménez
© 2023, Penguin Random House Grupo Editorial, S. A. U.
Travessera de Gràcia, 47-49. 08021 Barcelona
© 2023, iStockphoto, por las ilustraciones
Diseño de interior: El Taller del Llibre, S. L.
Diseño de cubierta: Candela Insua
para Penguin Random House Grupo Editorial

Printed in Spain – Impreso en España

ISBN: 978-84-272-3439-0
Depósito legal: B-7.942-2023

Compuesto en El Taller del Llibre, S. L.
Impreso en Rodesa
Villatuerta (Navarra)

MO 34390

365
CURIOSIDADES
ALUCINANTES
SOBRE EL
FÚTBOL

MOLINO

FÚTBOL NACIONAL

1

UNA MEDIA DE ESCÁNDALO

El récord de goles en una jornada de la liga española se alcanzó en la segunda jornada de la temporada 1950-1951. Se anotaron un total de 59 goles en solo ocho partidos. ¡Una media de más de siete goles por partido!

2

LOS CLUBES MÁS VIEJOS DE LA PENÍNSULA IBÉRICA

El Real Club Recreativo de Huelva, fundado en 1889, presume de ser el equipo más antiguo de España. Es el club nacional más longevo y el segundo de la península ibérica, por detrás del portugués Académica de Coimbra, fundado dos años antes.

3

EL GOL MÁS MADRUGADOR DE LA HISTORIA DE LA LIGA ESPAÑOLA

El gol más rápido de la historia de la liga española es el conseguido por Joseba Llorente en 2008 a los 7,22 segundos de que comenzara el partido entre los equipos Valladolid y Espanyol. El guipuzcoano consiguió el 1-0 para el Valladolid y estableció este récord que aún no se ha superado.

4

A LA ROJA LE TOCÓ LA LOTERÍA

El histórico partido entre España y Malta, que ganó España por 12-1, se celebró el 21 de diciembre de 1983 en Sevilla. La selección española se jugaba su clasificación para la Eurocopa de Francia (1984) y debía ganar a Malta por 11 goles o más de diferencia. Como si de un premio de la lotería nacional se tratase, la Roja consiguió anotarse el tanto y logró esa ansiada clasificación para una Eurocopa en la que sería subcampeona.

5

TRES EUROCOPAS PARA LA ROJA

Junto a Alemania, España es la selección que más veces ha ganado la Eurocopa. La Roja ha sido campeona en tres ocasiones: en la Eurocopa disputada en España (1964), con un resultado de España, 2-Unión Soviética, 1; en la celebrada en Austria-Suiza (2008), cuyo marcador fue Alemania, 0-España, 1 y en la de Polonia-Ucrania (2012), que finalizó con un abultado España, 4-Italia, 0.

6

LA ROJA Y EL ESTADIO OLÍMPICO DE LA CARTUJA DE SEVILLA

La selección española de fútbol no tiene un único estadio donde disputar sus encuentros. Sin embargo, desde hace unos años, el Estadio Olímpico de La Cartuja de Sevilla es considerado el estadio «oficial» de la Roja. Diversos acuerdos entre la Real Federación Española de Fútbol y la Junta de Andalucía han convertido a esta comunidad autónoma en la casa del fútbol español, con especial relevancia de La Cartuja.

7

EL PARTIDO CON MÁS PENALTIS DE LA LIGA

El árbitro andaluz Japón Sevilla señaló seis penaltis en el partido entre los equipos Oviedo y Valladolid de la liga española. Este es el encuentro con más penaltis de la historia de la liga, y tuvo lugar en la penúltima jornada de la temporada 1995-1996. El resultado final fue de 3-8.

8

UN GOL QUE CAMBIÓ LA HISTORIA DE LA REAL SOCIEDAD

Es el que marcó Jesús María Zamora en El Molinón. Corría el último minuto de la última jornada de liga de la temporada 1980-1981 y el donostiarra logró empatar el partido (2-2) y, con ello, conseguir la primera liga de la historia para su club, la Real Sociedad.

9

PARTIDO CON MÁS TARJETAS DE LA LIGA ESPAÑOLA

El partido de la liga española con más tarjetas se jugó en San Mamés, en 2009. En el encuentro entre Athletic y Racing, que ganó el primero por 2-1, Bernardino González Vázquez, árbitro del encuentro, mostró 17 tarjetas amarillas y 6 rojas (una de ellas, directa).

10

EL ETERNO ENTRENADOR DEL REAL MADRID

Miguel Muñoz fue entrenador del Real Madrid entre 1967 y 1972. A lo largo de esos años consiguió nueve títulos de liga (1961, 1962, 1963, 1964, 1965, 1967, 1968, 1969 y 1972); dos Copas de España (1962 y 1970); dos Copas de Europa (1960 y 1966); y una Copa Intercontinental (1960). Es el entrenador más longevo de la historia del club.

11

JUGADORES CON MÁS TÍTULOS DE LIGA ESPAÑOLA

Paco Gento sigue siendo el futbolista que más títulos de la liga española ha conseguido, con un total de 12 campeonatos. Le siguen en la lista José «Pirri» Martínez y Messi, ambos con diez títulos, y Amancio, Santilla, Camacho e Iniesta, con nueve títulos.

12

622 PARTIDOS JUGANDO EN LA LIGA ESPAÑOLA

El récord de partidos jugados en la liga española lo tiene el portero Andoni Zubizarreta, con un total de 622. El guardameta vasco alcanzó esta cifra interviniendo en un total de 169 partidos en el Athletic Club; 301 en el FC Barcelona, y 152 en el Valencia CF. Aunque puede que pronto le supere Joaquín, jugador del Real Betis, quien ya ha superado los 600 partidos y sigue en activo.

13

LOS GOLES DE UN VETERANO

Donato, que fue campeón de la liga española (1999-2000) con el Deportivo de La Coruña, sigue siendo el jugador más veterano en lograr marcar un gol en esta competición. El brasileño consiguió esta meta en 2003 al anotar con 40 años y 138 días. El gaditano Joaquín, aún en activo en el Real Betis con 41 años, podría batir esta marca.

14

EL INTERNACIONAL MÁS JOVEN EN MARCAR

El centrocampista del FC Barcelona, Gavi, es el goleador más joven de la selección española. En junio de 2022, con 17 años y 304 días, Gavi arrebató el récord a su compañero Ansu Fati (17 años y 311 días) al establecer el empate a uno en el partido disputado contra la República Checa.

15

EL GOLEADOR MÁS JOVEN DE LA LIGA ESPAÑOLA

Fabrice Olinga, delantero del Málaga, es el goleador más joven de la liga. El camerunés alcanzó este récord en el partido contra el Celta de Vigo, disputado el 18 de agosto de 2012. Fue su debut en primera división y tenía solo 16 años y 98 días.

16

EL PICHICHI MÁS GOLEADOR

Lionel Messi es el jugador que más goles ha logrado en una misma temporada de la liga española. El argentino marcó 50 goles en la temporada 2011-2012 y se convirtió en el jugador que ha ganado el Trofeo Pichichi con una cifra más abultada. El siguiente en la lista es Cristiano Ronaldo, que marcó 48 goles en la temporada 2014-2015.

17

CIENTO VEINTIÚN GOLES EN TREINTA Y OCHO PARTIDOS

En la temporada 2011-2012, el Real Madrid consiguió un total de 121 goles en 38 partidos, más de tres goles por partido de media. Con esta cifra, los merengues se convirtieron en el equipo que más goles ha marcado en una sola temporada en la historia de la liga.

18

CIEN PUNTOS EN UNA LIGA

El récord de puntos en una liga lo comparten los eternos rivales FC Barcelona y Real Madrid. Los merengues alcanzaron esta cifra en la temporada 2011-2012, mientras que los culés lo consiguieron en la siguiente.

19

VEINTISIETE PARTIDOS SIN GANAR

En la temporada de la liga 2021-2022, el Levante Unión Deportiva estableció un récord nada deseable. Los valencianos enlazaron veintisiete partidos consecutivos sin ganar. Este triste récord estaba en poder del Sporting de Gijón, que había estado veinticuatro partidos sin lograr la victoria en la temporada 1997-1998. Parecía difícil encadenar tantas jornadas consecutivas sin lograr la victoria, pero lo cierto es que, finalmente, se superó esta negativa racha.

20

SEQUÍA GOLEADORA

A veces, no marcar gol también es noticia. Sobre todo, cuando un equipo tiene una racha de ocho partidos consecutivos en la liga sin anotar. Esto es lo que le pasó al Sabadell Fútbol Club, que estuvo un total de 813 minutos sin hacer gol en la temporada 1987-1988.

21

MESSI FULMINA EL RÉCORD GOLEADOR DE ZARRA

En 2014, Lionel Messi superó el mítico récord goleador de Telmo Zarra en la liga española. El argentino se convirtió en el máximo goleador histórico de este torneo cuando alcanzó los 253 goles en 289 partidos y superó por dos tantos los 251 goles de Zarra.

22

EL GOL MIL DE LA LIGA ESPAÑOLA

Lo marcó Juanito Echevarría para el Arenas Club, en el partido disputado frente al Racing de Santander, el 1 de febrero de 1931. A lo largo de la historia de esta competición, se han superado ya los 70.000 goles. Esta cifra se alcanzó en la temporada 2017-2018 con un gol del danés Daniel Wass, para el Celta de Vigo, en el derbi frente al Deportivo de La Coruña.

23

EL PRIMER AUTOGOL DE LA LIGA ESPAÑOLA

Alfonso Olaso, defensa del Atlético de Madrid, fue el autor del primer gol en propia puerta de la liga española. Ocurrió el 10 de febrero de 1929, en el Estadio Ibaiondo, donde los rojiblancos se enfrentaron al Arenas de Getxo. Aunque el gol no tuvo trascendencia para el resultado final (ya que el Atlético vencería por 1-2), es un gol que sigue recordándose por tratarse del primer autogol marcado en esta competición.

24

EQUIPO CON MÁS TÍTULOS DE LA LIGA ESPAÑOLA

El Real Madrid es el equipo que más campeonatos de liga ha logrado en España, con un total de 35. El último de ellos lo obtuvo en la temporada 2021-2022 y el primero, en la temporada 1931-1932.

25

EQUIPO CON MÁS TÍTULOS DE LA COPA DE ESPAÑA

El FC Barcelona es el equipo que más Copas de España ha ganado. Los blaugranas han levantado la copa en un total de 31 ocasiones. El último título lo lograron en 2021 y el primero en 1909.

26

EL PRIMER GRAN TRIUNFO DE LA SELECCIÓN ESPAÑOLA FUE EN BLANCO Y NEGRO

La selección española consiguió su primer gran triunfo internacional gracias a un mítico gol marcado por Marcelino. El 21 de junio de 1964, un cabezazo en blanco y negro daba el triunfo a España en la final de la Copa de Naciones de Europa, actualmente conocida como Eurocopa. Sería la primera de las tres Eurocopas que ha logrado España en su historia hasta el momento.

27

EL GOL DE MACEDA ANTE ALEMANIA

Otro mítico gol, esta vez de Maceda, llevaría a la selección española a ganar por primera vez a la selección de Alemania en una competición oficial. Fue en los cuartos de final de la Eurocopa de Francia (1984), a la que España llegó gracias a otro partido histórico (frente a Malta, con un resultado final de 12-1). En el minuto 90 del partido contra Alemania, un remate de cabeza de Antonio Maceda ponía el 1-0 en el marcador y permitía el pase de España a las semifinales. La Roja sería subcampeona, ya que fue derrotada por la anfitriona en El Parque de los Príncipes de París.

28

CAMPEONES OLÍMPICOS

En los Juegos Olímpicos de Barcelona (1992), la selección española de fútbol se hizo con la medalla de oro al vencer en la final a Polonia por 3-2. El partido se disputó en el Camp Nou ante 95.000 espectadores. Seguro que los nombres de algunos de los jóvenes integrantes de este equipo campeón te suenan: Luis Enrique, Guardiola, Kiko, Cañizares y Ferrer, entre otros.

29

UN GOL QUE VALE UN CAMPEONATO DEL MUNDO

Fue el gol de Andrés Iniesta ante Países Bajos, en el Mundial de Sudáfrica (2010). Corría el minuto 116 de la final y el entonces jugador del FC Barcelona desató el delirio en las gradas y en los hogares de todo el país. La selección de Vicente del Bosque se proclamaba así campeona del mundo, solo dos años después de haber logrado la Eurocopa, y hacía historia del fútbol español.

30

UNA SELECCIÓN CON MÁS DE CIEN AÑOS

El primer partido oficial de la Roja se disputó en 1920. Fue ante Dinamarca, durante los Juegos Olímpicos celebrados en Amberes (Bélgica). El estreno se saldó con un resultado de 1-0 para España. Con este triunfo, los integrantes del equipo nacional se hicieron con la medalla de plata.

31

CUATRO DÉCADAS SIN TÍTULOS

En el siglo XXI, la selección española de fútbol ha cosechado grandes triunfos. Sin embargo, el siglo pasado los aficionados tuvieron que esperar 44 años para ver llegar un título importante. Fue en 1964, cuando logró conquistar la Eurocopa celebrada en España, al vencer en la final a la Unión Soviética por 2-1.

32

FIN DE UN CICLO ESPECTACULAR

En 2012, España se hizo con su tercera Eurocopa. Con este triunfo, se cerró un ciclo espectacular de la selección española que, de momento, ninguna otra alineación ha podido igualar. Ha pasado más de una década sin que España haya vuelto a conseguir ningún título importante. Sin duda, es una era para el recuerdo y un equipo difícil de superar.

33

PÓQUER PARA EL BUITRE EN MÉXICO 1986

Cuatro goles consiguió el delantero Emilio Butragueño, apodado «el Buitre», en este partido de octavos de final frente a Dinamarca. Fue en el Mundial de México (1986) y el encuentro concluyó con un abultado marcador: Dinamarca, 1-España, 5. Aunque el danés Jesper Olsen adelantó a su equipo en el minuto 33, lo que vino después fue otra noche memorable para los españoles. Finalmente, la Roja cayó en los cuartos de final, pero este campeonato se recordará siempre por la exhibición goleadora de Butragueño frente a Dinamarca.

34

LA JOVEN LIGA ESPAÑOLA DE FÚTBOL FEMENINO

La liga española de fútbol femenino solo tiene treinta y cuatro años de antigüedad. Se disputa ininterrumpidamente desde la temporada 1988-1989. Aunque a principios del siglo XX algunas mujeres jugaban al fútbol, y ya en la década de 1970 se habían organizado las primeras competiciones informales, ni estas competiciones ni los clubes fueron reconocidos por la Real Federación Española de Fútbol hasta 1980. Fue entonces cuando se fundó el Comité Nacional de Fútbol Femenino. Sin embargo, el reconocimiento real de su valía no se produciría hasta esta última década, sin duda impulsado por la lucha contra la desigualdad de género en otros ámbitos.

35

CERCA DE CIEN AÑOS DE LA LIGA ESPAÑOLA DE FÚTBOL MASCULINO

La liga española de fútbol masculino tiene ya más de noventa años de antigüedad. Antes de que arrancara aquella primera liga, en 1928, el único campeonato estatal era la Copa de España. Desde entonces, se han disputado un total de 91 campeonatos. El primer campeón fue el FC Barcelona, en la temporada 1928-1929.

36

PRIMER GOL DE LA LIGA ESPAÑOLA

El primer gol de la liga española lo anotó Pitus Prat, entonces jugador del RCD Espanyol. Fue el 10 de febrero de 1929, en el partido disputado en el Estadio de Sarriá, frente al Real Unión de Irún. Pitus marcó a los cinco minutos de empezar el partido, que concluyó con un resultado de RCD Espanyol, 3-Real Unión, 2. El portero que recibió el gol fue Antonio Emery, abuelo del guardameta del Athletic Club y de la selección española Unai Simón.

37

CAMPEONES INDISCUTIBLES DE LA LIGA ESPAÑOLA

El FC Barcelona y el Real Madrid han ganado más del 60 % de los campeonatos de liga disputados hasta el momento. El Real Madrid, con 35 títulos, y el FC Barcelona, con 26, están a mucha distancia de los demás equipos. Muy distanciado de los dos primeros, el Atlético de Madrid, con 11 títulos, es el siguiente en el palmarés de este torneo.

38

EL PRIMER CAMPEÓN INVICTO DE LA LIGA ESPAÑOLA

No fue el Real Madrid ni tampoco el FC Barcelona. Este galardón lo tiene el Athletic Club, que se hizo con el título en la temporada 1929-1930. Este campeonato se disputó en dieciocho partidos y los Leones lograron ganar en doce de ellos y empatar en los otros seis encuentros. Era la segunda edición de este campeonato y ya se establecía una marca difícil de superar.

39

CUANDO GANAR EN LA LIGA ESPAÑOLA SOLO VALÍA DOS PUNTOS

En la actualidad, las normas del campeonato de la liga española establecen que un partido ganado vale tres puntos para el vencedor y cero para el perdedor, y un empate supone un punto para cada equipo. Pero ¿sabías que esto no siempre fue así? Hasta la temporada 1995-1996, los ganadores de un encuentro de liga en España solo recibían dos puntos. Por eso, existían tácticas muy defensivas, ya que la diferencia entre empatar y ganar no era tan grande.

40

CAMPEONES CON MAYOR DIFERENCIA DE GOLES A FAVOR

Dos equipos han conseguido ganar la liga española con la mayor diferencia entre goles a favor y en contra de la historia. Tanto el FC Barcelona como el Real Madrid fueron campeones de liga con una diferencia de 89 goles a favor, la máxima diferencia de la historia de este campeonato. Los blancos lo consiguieron en la temporada 2011-2012 y establecieron un récord que sería igualado por los blaugranas en la temporada 2014-2015.

41

EL PARTIDO CON EL MARCADOR MÁS ABULTADO

El partido de la liga española con el mayor número de goles marcados se disputó en 1933, en el estadio San Mamés. El Athletic Club se enfrentaba al Real Racing Club de Santander y el marcador final acabó con un 9-5 a favor de los locales. Catorce goles en un solo partido, una cifra que no se ha vuelto a ver en esta competición.

42

DOCE GOLES MARCADOS POR UN SOLO PUNTO

El empate con más goles en la historia de la liga española se produjo en la temporada 1949-1950. En el Estadio Metropolitano, se enfrentaban el Atlético de Madrid y el Athletic Club. Al término del encuentro, el marcador arrojó un increíble empate a seis. Una goleada que solo proporcionó un punto a cada equipo.

43

UN ADOLESCENTE DEBUTANDO EN LA LIGA

El futbolista de origen mexicano Luka Romero es el debutante más joven de la liga española. Fichado por el RCD Mallorca para las categorías inferiores del club, el 24 de junio de 2020, el centrocampista debutó en un partido frente al Real Madrid, con 15 años y 219 días.

44

UN DEBUTANTE EN LA LIGA ESPAÑOLA NACIDO EN EL SIGLO XIX

Aunque parezca mentira, el debutante más veterano de la liga española nació en 1886. Se trata del inglés Horace Harry Lowe, que fichó como entrenador por la Real Sociedad para la temporada 1930-1931. Su debut obligado como futbolista de la liga tuvo lugar durante la temporada 1934-1935, cuando contaba con 48 años y 226 días. En aquellos años, y por motivos económicos, los equipos más modestos viajaban solo con los jugadores que iban a alinear. La Real Sociedad viajó a Valencia con once jugadores y uno de ellos tuvo que retirarse por enfermedad. Horace Harry Lowe tuvo que decidir entonces si jugaban con diez o si él mismo ocupaba la plaza número once. Y aunque ya no estaba en la misma forma física de su juventud, lo hizo dignamente y estableció este récord que aún no se ha superado.

45

IÑAKI WILLIAMS, UN «LEÓN» INVENCIBLE

El futbolista del Athletic Club Iñaki Williams ha establecido un récord en la liga española difícil de superar. El bilbaíno es el único jugador de esta competición que ha sido alineado en 251 partidos de forma consecutiva. Williams participó en todos los encuentros del torneo desde el 20 de abril de 2016 hasta el 27 de enero de 2023. En octubre de 2021 superó el anterior récord, en poder del exjugador de la Real Sociedad Antonio Larrañaga, que no se había perdido un solo partido de la liga española entre junio de 1987 y noviembre de 1992, y había encadenado un total de 202 choques ligueros.

46

CAMPEÓN CON QUINCE PUNTOS DE DIFERENCIA

Si se trata de marcar récords y de destacar, no solo hace falta ganar, sino también hacerlo con más goles a favor, con menos goles en contra, etc. Un sinfín de datos llenan las estadísticas del fútbol, sobre todo ahora que todo se puede medir. Pues bien, el equipo que ha ganado un título de liga con mayor diferencia de puntos respecto del segundo clasificado es el FC Barcelona. Lo logró en la temporada 2012-2013 y, en aquella ocasión, consiguió cien puntos, con una ventaja de quince puntos sobre su eterno rival, el Real Madrid.

47

RÉCORD DE VICTORIAS EN UNA MISMA TEMPORADA DE LA LIGA ESPAÑOLA

Real Madrid y FC Barcelona comparten algunos récords de la liga española. Uno de ellos es el de mayor número de victorias en una sola temporada. Pues sí, ambos clubes consiguieron un total de treinta y dos victorias. Los merengues lo lograron en la temporada 2011-2012 y los culés, en la 2012-2013. Ambos equipos se hicieron con el título de liga en las citadas temporadas.

48

VEINTICUATRO PARTIDOS SIN GANAR

Nadie quiere hacerse merecedor de un récord negativo, pero este tipo de marcas están ahí y también son objeto de seguimiento. Uno de estos récords es la mayor racha de partidos sin ganar en la liga española. Lo tiene el Sporting de Gijón, que encadenó veinticuatro partidos sin ganar durante la temporada 1996-1997.

49

ABEL: 13 JORNADAS IMBATIDO

Esta gesta la logró el histórico portero del Atlético de Madrid Abel Resino, en la temporada 1990-1991 de la liga española. Diez victorias y tres empates (a cero) sirvieron para batir el récord de minutos invicto establecido por el italiano Dino Zoff. Sería Luis Enrique, entonces jugador del Sporting de Gijón, quien acabaría con aquella espectacular racha de 1.274 minutos consecutivos imbatido.

50

SOLO NUEVE EQUIPOS GANADORES DE LA LIGA ESPAÑOLA

En un total de 91 ediciones disputadas hasta el momento, solo nueve equipos han logrado hacerse con el título de liga en España. El palmarés de este torneo es el siguiente: Real Madrid (35), FC Barcelona (26), Atlético de Madrid (11), Athletic Club (8), Valencia CF (6), Real Sociedad (2), Real Betis Balompié (1), Sevilla FC (1) y Deportivo de La Coruña (1).

51

TROFEOS DE LA LIGA ESPAÑOLA EN PROPIEDAD

Como ocurre en otras competiciones, para hacerse con el título de la liga española en propiedad es necesario ganarlo, o bien tres años consecutivos, o bien cinco alternos. Con esta regla, el número de trofeos en propiedad de los ganadores de la liga española es el siguiente: Real Madrid (5), FC Barcelona (4) y Athletic Club (1). Hasta el momento, ningún otro club lo ha logrado.

52

ENTRENADORES EXTRANJEROS QUE HAN TRIUNFADO EN LA LIGA ESPAÑOLA

La competición de liga española ha sido siempre una de las principales de Europa y del mundo. Esto supone que los entrenadores de todo el planeta deseen venir a entrenar en los clubes españoles. Entre ellos, dos son los entrenadores extranjeros que destacan por haber logrado más títulos de liga. Se trata de Johann Cruyff, que logró cuatro títulos con el FC Barcelona, y de Helenio Herrera, que ganó dos títulos con el mismo equipo y otros dos con el Atlético de Madrid.

53

LA EXPULSIÓN MÁS RÁPIDA EN LA LIGA ESPAÑOLA

Este triste récord se produjo en el partido entre el Valencia y el Getafe de la primera jornada de la liga española de la temporada 2021-2022. Apenas treinta segundos después de haberse iniciado el encuentro, el jugador del Valencia Guillamón se lanzó a por un balón con los tacos por delante y a demasiada altura. El colegiado mostró la tarjeta roja y, aunque revisó las imágenes de la jugada, su decisión final fue la expulsión del jugador.

54

CAMPEÓN DE INVIERNO CON MÁS PUNTOS

El equipo que termina la primera vuelta como líder de la competición recibe este título honorífico. Pues bien, el campeón de invierno que ha logrado el mayor número de puntos en la historia de la liga española es el FC Barcelona. Lo consiguió en la temporada 2012-2013, con un total de 55 puntos.

55

RÉCORD DE TÍTULOS CONSECUTIVOS DE LA LIGA ESPAÑOLA

El Real Madrid ha logrado ganar la liga española en cinco ocasiones consecutivas y lo ha conseguido dos veces: la primera, entre la temporada 1960-1961 y la temporada 1964-1965; y la segunda, entre la temporada 1985-1986 y la temporada 1989-1990. Ambos récords proporcionaron a los blancos la copa en propiedad.

56

TRES EQUIPOS PARA 91 EDICIONES DE LA LIGA ESPAÑOLA

Solo tres equipos han jugado en todas las ediciones de la liga. Se trata de Athletic Club, Real Madrid y FC Barcelona, que han participado en las 91 ediciones disputadas hasta el momento.

57

MEDIA DOCENA DE PENALTIS EN UN PARTIDO DE LA LIGA ESPAÑOLA

En la temporada 1995-1996, el colegiado andaluz Japón Sevilla señaló seis penaltis en un mismo partido. Esta increíble cifra se produjo en el encuentro entre el Real Oviedo y el Real Valladolid CF. Con un total de dos penaltis a favor de los locales ovetenses y de cuatro para los visitantes, el abultado marcador fue de 3-8 y estableció un récord en esta competición.

58

OCHO GOLES A DOMICILIO

El récord de la mayor goleada a domicilio en la liga española lo tiene el FC Barcelona con un total de ocho goles. Lo destacable de este escandaloso récord es que, además, los blaugranas han repetido la gesta en cuatro ocasiones manteniendo a cero su portería. En concreto, el Barça consiguió este 0-8 frente a la UD Las Palmas (temporada 1959-1960), UD Almería (temporada 2010-2011), Córdoba CF (temporada 2014-2015) y Deportivo de La Coruña (temporada 2015-2016).

59

GOLAVERAJE PARTICULAR Y GOLAVERAJE GENERAL EN LA LIGA ESPAÑOLA

¿Sabes lo que ocurre en la liga española cuando, al final del campeonato, hay dos equipos empatados a puntos? Pues esta situación se resuelve a través de la diferencia entre los goles a favor y en contra de los partidos jugados entre los dos equipos empatados a puntos. Es lo que se llama *golaveraje* particular. Si ambos equipos siguieran empatados a pesar de ello, el reglamento dice que hay que considerar el *golaveraje* general, es decir, la diferencia entre los goles a favor y en contra de ambos equipos a lo largo de todo el campeonato. Por último, si el empate se mantuviese también en este caso, el campeón sería el equipo que más goles hubiese marcado en el campeonato.

60

PRIMER PICHICHI DE LA HISTORIA DE LA LIGA ESPAÑOLA

El primer futbolista que tuvo el reconocimiento de máximo goleador de la liga, trofeo conocido como «Pichichi», fue Francisco Bienzobas Ocáriz. Este delantero de la Real Sociedad logró anotar catorce goles en dieciocho partidos durante la temporada 1928-1929, cuando solo nueve equipos participaban en este campeonato. Aunque el conocido Trofeo Pichichi se entrega anualmente desde la temporada 1952-1953, los ganadores de los años anteriores han sido reconocidos con posterioridad de forma simbólica. Por esta razón, Bienzobas está considerado el primero en recibirlo.

61

EL PRIMER «ZAMORA» DE LA HISTORIA DE LA LIGA ESPAÑOLA

El primer portero que tuvo el reconocimiento de ser el menos goleado de la temporada fue, precisamente, Ricardo Zamora. El guardameta del RCD Espanyol, que da el nombre al trofeo que conocemos actualmente, encajó veinticuatro goles en un total de quince partidos. Fue en la temporada 1928-1929 y entonces no existía este trofeo, que entrega desde la temporada 1952-1953 el diario *Marca*. Sin embargo, todos los guardametas que resultaron ser los menos goleados en las temporadas anteriores han recibido este premio honorífico.

62

MÁS DE CIEN GOLES QUE NO SIRVIERON PARA GANAR LA LIGA

Conseguir la victoria siempre pasa por marcar goles; cuantos más, mejor. Sin embargo, en la temporada 2011-2012 de la liga española, el FC Barcelona consiguió la friolera de 114 goles que no fueron suficientes para ganar el campeonato. El Real Madrid se llevó el título después de haber marcado la increíble cifra de 121 tantos.

63

DIECISÉIS VICTORIAS CONSECUTIVAS EN LA LIGA ESPAÑOLA

Con Pep Guardiola como entrenador, el FC Barcelona consiguió el récord de mayor número de victorias consecutivas en la liga española. En la temporada 2010-2011, los blaugranas lograron encadenar un total de dieciséis victorias consecutivas. Concretamente, establecieron este récord entre la jornada siete y la veintidós, ambas inclusive.

64

ONCE DERROTAS CONSECUTIVAS EN LA LIGA ESPAÑOLA

Otro récord nada deseable lo estableció la UD Las Palmas en la temporada 1959-1960 al encadenar once jornadas consecutivas de derrotas. Ocurrió entre las jornadas trece y veintitrés, ambas inclusive, en las que los canarios no lograron ni siquiera un empate. Este infortunio lo compartieron dos entrenadores: Marcel Domingo, bajo cuyo mando el equipo perdió entre las jornadas trece y veinte, y Luis Molowny, entrenador en las jornadas restantes, hasta la veintitrés.

65

A SEGUNDA CON 45 PUNTOS

Sumar un total de 45 puntos en la liga española y bajar a segunda división no es lo habitual. Sin embargo, eso es lo que le pasó al Rayo Vallecano en la temporada 1996-1997. El club de Vallecas perdió la categoría debido al valor doble de los goles fuera de casa en la eliminatoria de promoción, frente al RCD Mallorca. El resultado del partido de ida, en Mallorca, fue de 1-0 para los locales, mientras que la vuelta, en Madrid, finalizó con un 2-1 para el Rayo. En suma, un empate a dos que, por el valor doble del gol marcado por los mallorquines en Madrid, condujo a los rayistas a la segunda división.

66

LÍDERES DE PRINCIPIO A FIN

A lo largo de la historia de la liga española, solo tres equipos han logrado liderar la tabla de clasificación desde la primera hasta la última jornada. El primero que lo logró fue el FC Barcelona en la temporada 1984-1985. En aquella época, solo jugaban la liga dieciocho equipos, por lo que se disputaron un total de 34 jornadas. Ya con los veinte equipos actuales y, por tanto, durante 38 jornadas, el Real Madrid lo consiguió en la temporada 1987-1988 y, de nuevo, el FC Barcelona en la temporada 2012-2013.

67

FUTBOLISTA EXTRANJERO CON MÁS PARTIDOS DISPUTADOS EN LA LIGA ESPAÑOLA

Messi es el futbolista extranjero que más partidos ha disputado en la liga española. Con un total de 520 partidos, el astro argentino alcanzó esta cifra a lo largo de los dieciséis años que jugó en primera división, todos ellos con el FC Barcelona. Desde la temporada 2004-2005, en que se produjo su debut, hasta la 2020-2021, tras la que fichó por el Paris Saint-Germain.

68

DESDE QUE LA CHAMPIONS SE LLAMA «CHAMPIONS…»

Desde la temporada 1992-1993, en que la conocida como «Copa de Europa» pasó a denominarse Liga de Campeones de la UEFA, o UEFA Champions League, un total de trece trofeos se han venido a España. Esta cifra, de la que ningún otro país europeo puede presumir, se reparte en ocho trofeos para el Real Madrid y cinco para el FC Barcelona.

69

757 PARTIDOS EN EL BANQUILLO

Dicho así, no parece un récord del que estar orgulloso… Pero ¿y si te digo que este récord no es de un futbolista, sino de un entrenador? Pues sí, Luis Aragonés estuvo un total de veinticinco temporadas en los banquillos de la primera división española y dirigió un total de 757 partidos de liga. El eterno entrenador del Atlético de Madrid, lo fue también del FC Barcelona, del Real Betis o del Valencia CF, entre otros. Además, fue seleccionador entre 2004 y 2008, año en que logró ganar la Eurocopa (2008) con la Roja. Y son muchos los que consideran que fue él quien montó el equipo nacional que haría historia.

70

FUTBOLISTA MÁS VECES INTERNACIONAL CON LA ROJA

Sergio Ramos es el futbolista internacional que más veces ha vestido la camiseta roja. Con un total de 180 partidos disputados, el andaluz debutó en la selección española a los dieciocho años, en un partido amistoso entre España y China en 2005. Su último partido internacional, el número 180, lo disputó frente a Kosovo, en el Estadio Olímpico de la Cartuja, en marzo de 2021.

71

EL FÚTBOL DEL «TIKI-TAKA»

¿Has oído alguna vez hablar del «tiki-taka»? Pues este término lo inventó el periodista Andrés Montes para referirse al tipo de juego de la selección española y del FC Barcelona. Se trata de un tipo de juego basado en el toque de balón y en los pases cortos para tratar de mantener la posesión el mayor tiempo posible. Y, aunque parezca mentira, esta expresión llegó hasta el diccionario Oxford de inglés.

72

LA EUROCOPA DE 2020 SE JUGÓ EN 2021

En 2020, la competición futbolística se interrumpió a nivel mundial. En España, la liga estuvo suspendida durante tres meses. La pandemia por coronavirus obligó a cerrar los estadios y a interrumpir todas las competiciones. Esta pausa inédita provocó que la Eurocopa 2020, con múltiples países como sede, terminara celebrándose en 2021.

73

TRES SELECCIONES PARA UN JUGADOR

Ladislao Kubala jugó con las selecciones de España, de Hungría y de Checoslovaquia. De manera oficial, es el único que lo ha conseguido. Alfredo Di Stéfano fue internacional con España, con Argentina y con Colombia. Sin embargo, cuando vistió la camiseta colombiana, esta selección no estaba reconocida por la FIFA. Por eso, formalmente, solo ha vestido la camiseta de dos selecciones diferentes.

HISTORIA DEL FÚTBOL

74

FÚTBOL DEL SIGLO XIX

El 30 de noviembre de 1872, Escocia e Inglaterra protagonizaron el primer partido de fútbol que se jugó entre selecciones. Se celebró en Hamilton Crescent (Escocia) ante cuatro mil espectadores y terminó con el mismo resultado del comienzo: 0-0.

75

PROHIBIDO EL FÚTBOL FEMENINO

El fútbol femenino alcanzó una gran éxito y popularidad a principios del siglo XX. Sin embargo, poco duró la alegría: en 1921, se prohibió su práctica entre las mujeres. La razón alegada fue que «había estudios médicos que aseguraban que el fútbol era un deporte nocivo para las mujeres». La prohibición no se levantó oficialmente hasta 1971, aunque los partidos de fútbol femenino siguieron celebrándose e, incluso, impulsándose en periodos de guerra.

76

HUELGA DE FUTBOLISTAS ESPAÑOLES

La primera huelga de futbolistas en España tuvo lugar en 1979. La protesta se produjo por tres motivos fundamentales: el llamado «derecho de retención», que permitía a los clubes renovar eternamente a sus jugadores; la inclusión en la Seguridad Social de los futbolistas, y la supresión del límite de edad, que impedía a los menores de 23 años jugar en tercera división. Los jugadores mejor pagados hicieron huelga no solo para que esta tuviera más fuerza, sino, sobre todo, para evitar represalias contra los más débiles.

77

UNAS NORMAS CON MÁS DE CIEN AÑOS

Las actuales normas del fútbol se crearon en el siglo XIX, por iniciativa de Ebenezer Cobb Morley, quien también fundó la Football Association de Inglaterra. Con la idea de estandarizar las diversas variantes de fútbol que se jugaba en las escuelas de Inglaterra, este abogado y futbolista *amateur* organizó y lideró, en 1863, la reunión de la cual surgió el reglamento del fútbol.

78

FA CUP, LA COMPETICIÓN MÁS ANTIGUA DEL MUNDO

La competición de fútbol más antigua del mundo es la Football Association Challenge Cup, más conocida como FA Cup. Fundada por Charles W. Alcock, arrancó oficialmente en 1871. La idea era crear una competición eliminatoria en la que se enfrentaran todos los clubes miembros de la Football Association, fundada en 1863.

79

FÚTBOL TELEVISADO

Las primeras retransmisiones televisivas en el mundo del fútbol llegaron en 1954, durante el Mundial de Suiza. Sin embargo, sería en México 1970 cuando el directo llegaría a todo el planeta.

80

EL GOL DE ORO

Antes de establecerse el sistema de penaltis, para determinar el ganador de un partido empatado en el tiempo reglamentario, se utilizaban otros métodos. Uno de estos sistemas se conoce como «gol de oro» o «gol gana». Se trata de jugar hasta marcar, es decir: se saca de centro y, partir de ahí, quien marca, gana.

81

EL PRIMER PARTIDO TELEVISADO EN ESPAÑA

Oficialmente, el primer partido retransmitido por televisión para toda España fue un clásico entre el Real Madrid y el FC Barcelona, disputado en Chamartín, en 1959. Sin embargo, cinco años antes, en 1954 hubo una emisión en pruebas que permitió ver un encuentro entre el Real Madrid y el Racing de Santander por la pequeña pantalla.

82

ENTRENAMIENTO TELEVISADO

En Europa, el primer partido televisado fue, en realidad, un entrenamiento que se realizó en 1937, en Londres. El Arsenal Football Club, ejemplo de permanente innovación en el fútbol en esta época, celebró un encuentro amistoso que enfrentó a su equipo titular con el suplente. La retransmisión solo duró quince minutos, pero fue todo un éxito en una parrilla de televisión que, por entonces, no alcanzaba las dos horas de emisión.

83

THE ANCIENTS

Con este nombre, se conoce al Sheffield Football Club, fundado en 1857 por Nathaniel Creswick y William Prest. Con más de 165 años, este club del sur de Inglaterra puede presumir de ser el más antiguo del mundo.

84

SEGURIDAD Y COMODIDAD EN LA CANCHA

¿Te has fijado en que el equipamiento de los futbolistas de hoy no se parece en nada al que usaban los del siglo XIX? Botas de múltiples colores y personalizadas, espinilleras ligeras obligatorias, o guantes más grandes y con mayor área de agarre para los porteros son algunos ejemplos. Con este equipamiento, los jugadores han ganado en seguridad y comodidad, sin dejar de lado el diseño.

85

CONECTIVIDAD TOTAL: WIFI, ESTADÍSTICAS Y REALIDAD VIRTUAL EN LAS GRADAS

En muchos estadios, ya es posible conectarse por wifi a través de, por ejemplo, la *app* del club. Gracias a esta conectividad, los espectadores pueden, en tiempo real, acceder a las estadísticas del partido o del rendimiento de los jugadores. También, pueden visualizar el encuentro desde determinadas cámaras e, incluso, acceder a contenido interactivo a través de la realidad virtual. Una experiencia exclusiva e individualizada.

86

SMART BALL

A partir de 2014, varias marcas comenzaron a comercializar un balón de fútbol que tiene el mismo aspecto que los demás, pero que lleva dentro un auténtico espía. Lleno de chips y de sensores, el conocido como «balón inteligente» puede conectarse a tu móvil, mediante *bluetooth*, y registrar todo lo que ocurre en tus entrenamientos. Potencia, número de toques de balón, fuerza, trayectoria y todo lo que se te ocurra se puede controlar gracias a la tecnología de estos dispositivos.

87

PERO ¿QUIÉN INVENTÓ EL FÚTBOL?

Generalmente, la creación de lo que se conoce como fútbol moderno se atribuye a Inglaterra, a través de la primera asociación de fútbol, la Football Association (FA). Sin embargo, si nos referimos a quiénes fueron los primeros en jugar, el asunto no está tan claro. Esta asociación se creó en 1863; pero, ya en el siglo III a. C., los chinos se divertían dando patadas a una pelota y metiéndola en una red. También hay un documental paraguayo, *Los guaraníes inventaron el fútbol*, que propone una teoría novedosa según la cual los primeros jugadores de fútbol eran guaraníes. Y así, podemos encontrar diferentes teorías sobre juegos o deportes de la Antigüedad, parecidos al fútbol, que pudieron evolucionar al deporte que conocemos hoy. O quizá solo influir en distintos aspectos de la forma en que se juega hoy.

88

LA CHAMPIONS NO SIEMPRE SE LLAMÓ «CHAMPIONS»

La actual competición denominada Liga de Campeones de la UEFA, o UEFA Champions League, se celebró por primera vez en la temporada 1955-1956. Sin embargo, tanto las normas como el nombre de esta competición eran distintos de los actuales. Esta liga de clubes europeos nació bajo el nombre de Copa de Clubes, aunque en España se llamaba popularmente «Copa de Europa». Con este nombre se disputó durante varias décadas, hasta que en 1991 se introdujeron algunos cambios con la intención de conseguir una competición más disputada. Como resultado de estos cambios, también se modificó su nombre y, a partir de la temporada 1991-1992, la llamada «Copa de Europa» pasó a denominarse Liga de Campeones de la UEFA, o UEFA Champions League.

89

HISTORIA DE LAS PORTERÍAS

En los inicios del fútbol, las porterías no eran tal y como las conocemos ahora. En el reglamento de la FA (Football Association) de 1863, el larguero no se mencionaba; las porterías eran similares a las del rugby, con dos postes verticales, pero ninguno horizontal, por lo que se podía marcar gol por arriba sin ningún límite. La única exigencia era que el balón pasara por entre los dos postes. Fue más adelante cuando se estableció un límite superior que, al principio, consistía en una simple cuerda atada de poste a poste. Ya en 1875, se introdujo el larguero superior y, en 1890, el británico John Brodie inventó y patentó las redes, que se utilizaron por primera vez en 1891.

90

EL DISPARO MORTAL

Así se denominaba inicialmente el lanzamiento de un penalti. Esta falta no fue introducida en las reglas del fútbol hasta finales del siglo XIX. Al principio, se lanzaba desde una distancia de doce metros contados desde la portería hasta un punto cualquiera. Sería ya en el siglo XX cuando se establecería lo que conocemos como punto de penalti.

91

BOICOT A UNA HUELGA

En 1979, 1981 y 1984, los futbolistas españoles fueron a la huelga. La más sonada de las tres fue la de 1984. En esa ocasión, la protesta fue boicoteada por los clubes, que alinearon a juveniles y a aficionados para poder jugar los partidos previstos. Esto produjo situaciones de lo más curiosas en lo referido a las alineaciones de los partidos de esa segunda jornada, y dio lugar a enfrentamientos muy desequilibrados.

92

FÚTBOL SIN ÁRBITRO

¿Te imaginas un partido de fútbol actual sin árbitros? Con el paso de los años, la labor arbitral se ha potenciado y se han puesto en marcha distintos mecanismos relacionados con el arbitraje para evitar errores y conflictos. Sin embargo, la figura del árbitro no siempre existió en este deporte. A mediados del siglo XIX, en los partidos de fútbol, no había árbitro, dado que a los jugadores se les presuponía caballerosidad y honradez. No sería hasta 1873, una vez creada la Football Association (FA), cuando esta figura básica se incorporaría al mundo del fútbol.

93

STREAMING PARA EL FÚTBOL MODESTO

La televisión ha sido y es el medio de retransmisión por excelencia de los partidos de fútbol. Sin embargo, los canales alternativos surgidos de internet han diversificado los medios a través de los cuales se sigue el fútbol. YouTube o Facebook, entre otras plataformas, permiten incluso emitir en directo, lo que sin duda ha supuesto un gran empuje para el fútbol modesto. Cada vez son más los que tienen un canal en estas plataformas para poder dar difusión a sus propios encuentros.

94

CAMPEONES EN CAMPO AJENO

Durante la guerra civil española (1936-1939), el antiguo Estadio Metropolitano, donde jugaba el Atlético de Madrid, quedó destruido por los combates que tuvieron lugar en sus cercanías. Este hecho motivó que los rojiblancos jugaran como locales en el Estadio de Chamartín (1939-1940) y en el Campo de Vallecas (1940-1943). Lo curioso es que los colchoneros ganaron sus dos primeras ligas en las temporadas 1939-1940 y 1940-1941. Parece que jugar en la cancha de sus rivales dio suerte a los Atléticos.

95

EL PARTIDO DE LA JORNADA

En las décadas de 1970 y 1980, se llamaba así al partido más interesante o relevante de cada jornada de la liga española. Cada domingo se televisaba un encuentro determinado que millones de personas seguían en directo. Solo había dos cadenas de televisión y el fútbol fue el principal entretenimiento de millones de aficionados.

96

SPIDERCAM: TECNOLOGÍA AL SERVICIO DE LAS RETRANSMISIONES TELEVISIVAS

La llamada «cámara araña» (o *spidercam*) es un dispositivo de grabación cada vez más frecuente en el fútbol. Suspendidas de un cable que cruza el campo de lado a lado, estas cámaras proporcionan una vista área del partido y pueden enfocar en todas las direcciones. Se controlan desde una sala y son más seguras que los drones, gracias a los cables que las sostienen.

97

CÁMARAS AUTÓNOMAS EN ESTADIOS INTELIGENTES

Con la tecnología actual, ya es posible realizar retransmisiones de manera remota y automatizada. A este hecho, hay que añadirle la posibilidad de utilizar la inteligencia artificial para analizar en directo todos los lances del encuentro. Como resultado de ello, se pueden realizar retransmisiones de calidad sin necesidad de desplazar un gran equipo técnico al estadio.

98

UN GOL NO SIEMPRE VALE UNO

En la Bota de Oro, existe un sistema de puntuación en el que no todos los goles valen lo mismo. La organización ha establecido un sistema ponderado de puntos por gol marcado, que es diferente para las distintas ligas de Europa. Concretamente, este sistema otorga un valor de dos puntos a los goles marcados en las ligas más fuertes: alemana, española, inglesa, italiana y francesa. Para las ligas de nivel medio, como la austriaca, la griega o la ucraniana, cada gol se valora con 1,5 puntos. Por último, en las ligas de menor nivel, entre las que están la andorrana, la danesa o la irlandesa, cada gol se valora con 1 punto.

99

LA GUERRA DEL FÚTBOL

El fútbol originó, en 1969, un conflicto armado entre Honduras y El Salvador. Ambas selecciones se enfrentaban en la fase para la clasificación del Mundial de México (1970). La tensión política entre ambos países convirtió el encuentro en la excusa perfecta para levantarse en armas. Al finalizar el partido, los aficionados se enfrentaron en lo que fue una verdadera batalla campal. Esto desencadenó la posterior intervención militar del ejército salvadoreño y dio lugar a una guerra, de cuatro días, en la que varios miles de personas perdieron la vida.

100

TENSIÓN POLÍTICA POR UN DRON

Ocurrió en 2014, en un partido clasificatorio para la Eurocopa de Francia (2016). Se enfrentaban las selecciones de Serbia y de Albania cuando apareció un dron con la bandera nacionalista de Albania. Este incidente provocó enfrentamientos entre los jugadores y disturbios en las gradas. La tensión política entre ambos países se vio reflejada en el encuentro, que tuvo que ser interrumpido y, finalmente, suspendido.

FÚTBOL FEMENINO

101

FÚTBOL PARA LA IGUALDAD DE GÉNERO

El British Ladies Football Club es el club femenino más antiguo de la historia. La activista por los derechos de la mujer, Nettie Honeyball, fundó este equipo británico en 1895. La fundadora y también jugadora del club vio el fútbol como un arma subversiva. Honeyball quiso demostrar que las mujeres eran algo más que una criatura ornamental y que podían emanciparse y ocupar un lugar importante en la sociedad.

102

PRIMER MUNDIAL DE FÚTBOL FEMENINO

En noviembre de 1991, se celebró la primera Copa Mundial de la FIFA de fútbol femenino. El campeonato se celebró en China y la victoria fue para la selección de Estados Unidos, que derrotó a la selección de Noruega por 2-1.

103

ESTADOS UNIDOS A LA CABEZA DE LAS GANADORAS DEL MUNDIAL FEMENINO

Estados Unidos es la selección femenina que encabeza el *ranking* de campeonas mundiales de fútbol. Las estadounidenses han sido las vencedoras en los campeonatos de los años 1991, 1999, 2015 y 2019.

104

EL MÁXIMO GOLEADOR DE UN MUNDIAL ES MUJER

La jugadora brasileña Marta Vieira da Silva, conocida simplemente como Marta, es la máxima goleadora del campeonato mundial de fútbol. Ha marcado un total de 17 goles en las ediciones de los años 2003, 2007, 2011, 2015 y 2019. Con esta cifra, Marta se convirtió, en 2019, en la máxima goleadora de esta competición.

105

DÍA INTERNACIONAL DEL FÚTBOL FEMENINO

Desde 2015, y por iniciativa de la Confederación de Norteamérica, Centroamérica y el Caribe de Fútbol (CONCACAF), el 23 de mayo se celebra el Día Internacional del Fútbol Femenino. Esta celebración pretende fomentar la igualdad de género en el deporte y generar conciencia sobre la buena influencia del fútbol en niñas y mujeres.

106

FÚTBOL FEMENINO OLÍMPICO

En los Juegos Olímpicos de Atlanta (1996), el Comité Olímpico Internacional (COI) decidió incluir el fútbol femenino, por primera vez, como disciplina deportiva. Participaron ocho selecciones y el medallero quedó del siguiente modo: oro para Estados Unidos; plata para China, y bronce para Noruega.

107

PRIMER PARTIDO OFICIAL DE FÚTBOL FEMENINO

El primer partido oficial de fútbol femenino se celebró en Inglaterra, en 1895, en presencia de unos 10.000 espectadores. Organizado por el British Ladies Football Club, el encuentro enfrentó al North y al South en el campo del Crouch End Athletic y finalizó con una abultada victoria del North por 7-1.

108

PRIMER EQUIPO ESPAÑOL DE FÚTBOL FEMENINO

El Spanish Girl's Club de Barcelona fue el primer equipo español de fútbol femenino. Bajo la dirección de Paco Bru, este grupo de mujeres inició su andadura en 1914. Divididas en dos equipos (el Montserrat y el Giralda), celebraron un primer encuentro benéfico a favor de la Federación Femenina contra la Tuberculosis en el campo del RCD Espanyol.

109

FÚTBOL FEMENINO EN TIEMPOS DE GUERRA

En el periodo entre las dos guerras mundiales, la participación de las mujeres en el deporte en general y en el fútbol en particular creció considerablemente. La razón no fue otra que la ausencia de hombres como consecuencia de los conflictos bélicos.

110

SOLTERAS FRENTE A CASADAS

Los tradicionales partidos de solteras contra casadas se celebran entre mujeres hace siglos. Durante el siglo XVIII, en Escocia, las mujeres formaban equipos de solteras y de casadas para enfrentarse en partidos de fútbol. Esta práctica se convirtió en una verdadera tradición.

111

LA MESSI CHINA

Durante el Mundial femenino de 2019, celebrado en Francia, la futbolista china Wang Shuang se ganó el apodo «la Messi china», debido a que su estilo de juego recordaba al del jugador argentino. Durante este campeonato, Shuang militaba en las filas del Paris Saint-Germain, por lo que era la única de su selección que no jugaba en su país.

112

EL FICHAJE MÁS CARO DE LA HISTORIA DEL FÚTBOL FEMENINO

Se llama Pernille Mosegaard Harder, es danesa y juega como delantera en el Chelsea FC. Su fichaje por este equipo, en 2020, es el más caro de la historia del fútbol femenino. Aunque la cifra exacta no se conoce, se especula con que el Chelsea pagó cerca de 300.000 euros a su anterior club, el VFL Wolfsburgo alemán.

113

LA SELECCIÓN ESPAÑOLA FEMENINA EN LA COPA MUNDIAL

La selección española femenina participó por primera vez en un mundial en 2015. Fue en la Copa Mundial celebrada en Canadá, y las españolas quedaron eliminadas en la primera fase. En la siguiente cita, Francia 2019, el equipó llegó hasta los cuartos de final.

114

EN EL SIGLO XIX, LAS MUJERES YA JUGABAN AL FÚTBOL

El primer partido de fútbol femenino se disputó en Inglaterra, en 1895. Existen registros de partidos anteriores, pero este se considera, oficialmente, el primero. Presenciado por unas 10.000 personas, el evento tuvo una buena acogida y sirvió para popularizar e impulsar el fútbol femenino. Las mujeres siguieron jugando al fútbol, también en el siglo XX, y ya en este siglo parece haber llegado el despegue definitivo.

115

UN TROFEO DE ESTE SIGLO

La Liga de Campeones Femenina de la UEFA (llamada oficialmente UEFA Women's Champions League) se disputó por primera vez en la temporada 2001-2002. El formato es similar al del campeonato masculino: participan los equipos europeos campeones de sus respectivas ligas nacionales y, en caso de no existir liga femenina, es el campeón de copa quien se clasifica.

116

MARTA, LA FUTBOLISTA CON MÁS BALONES DE ORO

Marta Vieira da Silva, conocida en el mundo del fútbol como Marta, es la jugadora con más Balones de Oro de la historia del fútbol femenino. Con un total de seis premios, obtenidos en los años 2006, 2007, 2008, 2009, 2010 y 2018, la brasileña está lejos de sus rivales. La exdelantera alemana Birgit Prinz está en segunda posición, con tres galardones.

117

PRIMERA MUJER QUE ARBITRA UN MUNDIAL

En el Mundial de Catar (2022), la colegiada francesa Stéphanie Frappart se convirtió en la primera mujer en dirigir un partido en una Copa Mundial. Frappart saltó al terreno de juego en el partido entre Alemania y Costa Rica, pasando a la historia del fútbol y dando un nuevo paso por el fútbol femenino.

118

LÍDERES INDISCUTIBLES DEL FÚTBOL FEMENINO NACIONAL

En el fútbol femenino nacional, el FC Barcelona es el líder indiscutible. No en balde ya encabeza el palmarés de todas las competiciones nacionales. El equipo se ha proclamado campeón de la Supercopa de España 2023. Con esta victoria, las blaugranas encabezan el palmarés de este trofeo: tres títulos de los ocho disputados hasta el momento. También, es el único equipo español que ha ganado la UEFA Women's Champions League y, además, tiene siete ligas y nueve Copas de la Reina.

119

EQUIPO FEMENINO CON MÁS LIGAS ESPAÑOLAS

El FC Barcelona es el equipo femenino de fútbol con más campeonatos de la liga española. Las blaugranas cuentan con un total de siete títulos; dos de ellos en propiedad, al haber ganado tres consecutivos en dos ocasiones. Le sigue en la lista el Athletic Club, con cinco trofeos, uno de ellos en propiedad.

120

EQUIPO FEMENINO CON MÁS UEFA WOMEN'S CHAMPIONS LEAGUE

El club femenino de fútbol que ha ganado en más ocasiones la UEFA Women's Champions League es el Olympique de Lyon. Las francesas han logrado hacerse con el campeonato en ocho ocasiones.

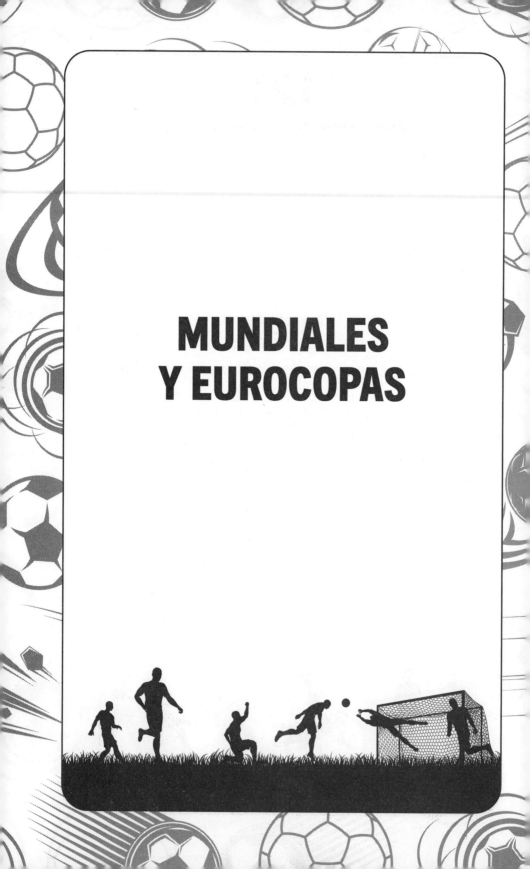

MUNDIALES
Y EUROCOPAS

121

DEBUT MUNDIALISTA CON DIECISIETE AÑOS

El exfutbolista de la selección de Irlanda del Norte, Norman Whiteside, mantiene actualmente el récord como el jugador más joven de la historia en disputar un partido en el campeonato mundial de fútbol. Lo consiguió con tan solo 17 años y 42 días al haber jugado unos minutos contra Yugoslavia en el Mundial de España de 1982. Batió así el récord de precocidad que ostentaba Pelé desde 1958, cuando debutó en el estadio Ullevi de Gotemburgo, con 17 años, 7 meses y 23 días, frente a la Unión Soviética.

122

¿QUIÉN DIJO QUE, A PARTIR DE LOS CUARENTA, SE PIERDE LA FORMA?

En el Mundial de Rusia de 2018, Essam El-Hadary, con 45 años y 161 días, se convirtió en el jugador más veterano en participar en un campeonato mundial de fútbol. El portero de la selección de Egipto logró esta gesta en el partido que enfrentó a su país contra Arabia Saudí. Superó así el récord que hasta entonces ostentaba Faryd Mondragón, que jugó en Brasil 2014 con 43 años y 3 días.

123

DESCONOCIDOS QUE HACEN HISTORIA EN EL FÚTBOL

Quizá el nombre de Just Fontaine no te suene de nada. Sin embargo, es el futbolista que más goles ha conseguido en un solo Mundial. El francés marcó 13 goles en la Copa Mundial de 1958 celebrada en Suecia. Han pasado más de cincuenta años y nadie lo ha superado.

124

¿VENCEDORES O VENCIDOS?

La selección holandesa no consiguió hacerse con la copa en ninguna de las tres ocasiones en que llegó a la final de un Mundial. Alemania, en 1974; Argentina, en 1978, y España, en 2010, todos le arrebataron el triunfo final. Sin embargo, llegar a una final de la Copa Mundial, ¿no es ya un gran triunfo?

125

BRASIL: PENTACAMPEÓN DEL MUNDO

La selección que más campeonatos mundiales de fútbol ha logrado en la historia es Brasil, con un total de cinco. Los *canarinhos,* llamados así por la mascota del equipo, levantaron la copa en los mundiales celebrados en Suecia (1958), en Chile (1962), en México (1970), en Estados Unidos (1994) y en Corea-Japón (2002).

126

TANTO VA EL CÁNTARO A LA FUENTE...

Alemania es la selección que más finales del campeonato mundial de fútbol ha jugado. Los germanos han luchado por la copa en ocho ocasiones (1954, 1966, 1974, 1982, 1986, 1990, 2002 y 2014). En cuatro de ellas, lograron el preciado trofeo y, en las otras cuatro, lo perdieron: tres veces como República Federal de Alemania y una más, en 2002, como Alemania.

127

FIELES A SU CITA

La única selección que ha participado en todas las ediciones de la Copa Mundial de la FIFA es Brasil. Los brasileños han sido fieles a esta cita desde su inicio en 1930 hasta el último campeonato celebrado en Catar, en 2022.

128

CAMPEÓN MUNDIAL MÁS VETERANO

El italiano Dino Zoff sigue siendo, desde el Mundial de España de 1982, el futbolista más veterano en ganar una final de este campeonato. Con 40 años y 133 días, Zoff ayudó a ganar la copa para su país. Italia se enfrentó a la República Federal de Alemania y el resultado final fue de 3-1.

129

EL DEBUT DE UN CAMPEÓN

El jugador más joven en ganar una final del Mundial es Pelé, con 17 años y 249 días. El brasileño disputó esta final en el campeonato mundial de Suecia (1958), frente a los anfitriones. El resultado final fue de Brasil, 5-Suecia, 2.

130

DOSCIENTAS MIL PERSONAS PRESENCIARON EL «MARACANAZO»

¿Sabías que el estadio de Maracaná de Río de Janeiro se construyó con una capacidad para doscientos mil espectadores? Fue con ocasión del Mundial de 1950 y se llenó por completo en la final entre Brasil y Uruguay. Sin embargo, los anfitriones perdieron tras llegar invictos a la final. Esta derrota se conoce popularmente como el «Maracanazo».

131

UNA CIUDAD CONSTRUIDA PARA UN MUNDIAL

Lusail, sede de la final del Mundial de Catar (2022), fue construida principalmente para ese fin. Unas semanas antes de que comenzara el evento, la ciudad y el estadio (del mismo nombre) apenas habían comenzado a ser levantados. El diseño está inspirado en los cuencos árabes hechos a mano y la sostenibilidad ha sido el hilo conductor de su construcción.

132

TROFEO JULES RIMET

Puede que este trofeo no te suene de nada. Actualmente no son muchas las personas que lo conocen. Sin embargo, fue el nombre del trofeo de la Copa Mundial hasta 1970, cuando se reemplazó por el de Trofeo de la Copa Mundial de Fútbol que conocemos hoy.

133

SEDES PELIGROSAS QUE ACOGEN UN MUNDIAL

El Mundial de Brasil (2014) tuvo 12 sedes diferentes: Belo Horizonte, Brasilia, Cuiabá, Curitiba, Fortaleza, Manaos, Natal, Porto Alegre, Recife, Río de Janeiro, Salvador y São Paulo. Lo destacable de este dato es que ocho de ellas se encontraban, entonces, entre las 50 ciudades más violentas del mundo.

134

ORIGINALES Y RÉPLICAS

En la Copa Mundial de futbol femenino, la selección ganadora del campeonato recibe el trofeo original, a diferencia del Mundial masculino, en el que los ganadores consiguen solo una réplica. Sin embargo, el coste de la copa femenina es, aproximadamente, cuatro veces menor que el del trofeo que se entrega en el fútbol masculino.

135

SEDES DE VARIOS PAÍSES PARA UN MUNDIAL

Antes, las sedes de una Copa Mundial de fútbol eran ciudades de un único país. Sin embargo, con la llegada del siglo XX, esto cambió. En 2002, se celebró el primer Mundial de fútbol en el que las sedes pertenecían a varios países. En este caso, fueron Japón y Corea del Sur quienes acogieron el evento. La cita mundial del 2026 también será compartida, esta vez por Estados Unidos, México y Canadá.

136

UN SEÑOR GOL

Un Benito Villamarín semidesierto fue testigo de excepción de una docena de goles que nadie podía imaginar. España, 12-Malta, 1: toda España gritó aquel gol de Juan Antonio Señor, que daba el pase a la fase final de la Eurocopa de Francia (1984). Después, otro mítico gol permitió que este equipo llegara hasta la instancia final, para convertir a España en subcampeona de Europa.

137

CAMPEONES INVICTOS DE LA EUROCOPA 2008

Después de 44 años de sequía en lo que se refiere a títulos internacionales, en 2008, la Roja consiguió proclamarse campeona de Europa. Además, la selección española lograba la que fue su segunda Eurocopa habiendo ganado todos los partidos de la fase final. Durante los siguientes años, la selección española seguiría confirmando su puesto entre los mejores equipos del mundo al lograr dos consecutivos títulos de la Copa del Mundo de Fútbol de 2010 y 2014, en lo que fue una época dorada para la Roja.

138

CAMPEONATOS MUNDIALES DECIDIDOS DESDE EL PUNTO DE PENALTI

El Mundial de Estados Unidos (1994) se decidió desde el punto de penalti. Fue la primera vez en la historia de este campeonato que se conseguía el triunfo de este modo. Brasil ganó a Italia por 3-2 en la tanda de penaltis. La historia se repitió en el Mundial de Alemania (2006), cuando la final entre Francia e Italia se resolvió del mismo modo. Los italianos hicieron pleno y un único fallo, del francés Trezeguet, permitió a la Squadra Azzurra llevarse la copa mundial.

139

LA MANO DE LUIS SUÁREZ EN SUDÁFRICA

En el Mundial de Sudáfrica (2010), la mano del uruguayo Luis Suárez cambió el destino de su selección y de la de Ghana. En el último minuto del encuentro, con el marcador igualado a uno, Suárez despejó con la mano, en la línea de gol, un tiro de Ghana. El uruguayo fue expulsado y se señaló el penalti, pero el encargado de lanzar la pena máxima mandó el balón por encima del travesaño. En la tanda de penaltis, Uruguay batió a Ghana por 4-2. La mano de Luis Suárez metió a Uruguay en las semifinales y privó a Ghana de la oportunidad de llegar, por primera vez, a una semifinal de un campeonato mundial.

140

CON EL HOMBRO VENDADO

Así jugó el alemán Franz Beckenbauer la semifinal del Mundial de México (1970) que enfrentó a su país contra Italia. Al final del tiempo reglamentario, el empate a uno en el marcador obligó a una prórroga que ha pasado a la historia del fútbol. Se marcaron cinco goles y Beckenbauer, lesionado cuando los alemanes habían agotado los cambios permitidos, decidió continuar con el hombro derecho completamente vendado. Alemania perdió por 4-3; pero, de este partido, se recordará siempre el esfuerzo del líbero, con el brazo inmovilizado.

141

UN DEBUT MUY ESPERADO

El primer país africano que debutó en un campeonato mundial fue Egipto, en 1934. Lo curioso de este dato es que podría haber debutado cuatro años antes, en Uruguay (1930), pero el viaje en barco era largo y no podían llegar a tiempo, así que pidieron posponer el torneo unos días. La FIFA no lo autorizó y tuvieron que aguardar cuatro años más para ese esperado debut.

142

VETADOS POR LA GUERRA

Las selecciones de Japón y de Alemania fueron excluidas por la FIFA del Mundial de Brasil (1950). La razón hay que buscarla en su implicación en la Segunda Guerra Mundial. Sin embargo, Italia, con igual implicación, sí fue autorizada a participar por la FIFA. Más recientemente, Rusia fue excluida del Mundial de Catar (2022), debido al conflicto bélico con Ucrania.

143

PRIMER GOL DE UN CAMPEONATO MUNDIAL MASCULINO

El primer gol marcado en un campeonato mundial fue obra del francés Lucien Laurent. Ocurrió el 13 de julio de 1930, en el partido inaugural del Mundial de Uruguay, que terminó con el siguiente marcador: Francia, 4-México, 1.

144

EL MÁS VETERANO EN MARCAR EN UN MUNDIAL

El futbolista más veterano que ha marcado gol en un Mundial es el camerunés Roger Milla. Lo consiguió en el Mundial de Estados Unidos (1994), con 42 años y 39 días. Hasta el momento, nadie ha logrado alcanzarlo.

145

FUTBOLISTA CON MÁS PARTIDOS EN LA COPA MUNDIAL

Lionel Messi es el jugador que más partidos ha disputado en un campeonato mundial. El argentino ha conseguido este récord en el Mundial de Catar (2022), con un total de 26 partidos en los cinco mundiales en los que ha participado.

146

MARCADOR DE ESCÁNDALO

Australia, 31-Samoa Americana, 0. Parece un marcador de patio de colegio, ¿verdad? Pues ocurrió en 2001, en la fase clasificatoria para el Mundial de Corea-Japón (2002). Después de este resultado, se abrió el debate sobre la zona en la que debía competir Australia. Actualmente compite en la zona de Asia, en lugar de hacerlo en la de Oceanía.

147

MAYOR GOLEADA EN UN MUNDIAL

Ocurrió en el Mundial de España (1982). El marcador fue: Hungría, 10-El Salvador, 1. A pesar de este resultado, los húngaros no consiguieron pasar a la siguiente ronda.

148

PARTIDO CON MÁS GOLES DE UN MUNDIAL

El partido con más goles en un campeonato mundial se disputó en Suiza (1954). Fue el encuentro entre Suiza y Austria, que terminó con un marcador de 5-7 para los austriacos. La cifra de doce goles no se ha vuelto a conseguir en un partido de la Copa Mundial.

149

EL JEQUE QUE ANULÓ UN GOL

En el Mundial de España (1982), en el partido en que Francia se enfrentaba a Kuwait, los futbolistas kuwaitíes discutían con el colegiado por un gol que, según estos, no debía subir al marcador. El jeque y presidente de la Asociación de Fútbol de Kuwait, Fahd Al-Ahmad Al-Yaber Al-Sabah, bajó a la cancha y pidió hablar con el árbitro. No solo hablaron, sino que el gol acabó por ser anulado.

150

PRIMER PENALTI PARADO EN UN MUNDIAL

Ricardo Zamora fue el primer guardameta que paró un penalti en un campeonato mundial. Fue en el de Italia 1934, en el partido de octavos de final frente a Brasil. España pasó a cuartos de final y Zamora se convirtió en leyenda de los mundiales.

151

LA BATALLA DE NÚREMBERG

Con ese nombre, se conoce el partido disputado en los octavos de final del Mundial de Alemania (2006) entre Portugal y Países Bajos. El colegiado del encuentro mostró un total de cuatro tarjetas rojas y dieciséis amarillas. Uno de los partidos más violentos de la historia de la Copa Mundial, que estableció este lamentable récord.

152

DOS HERMANOS PARA DOS SELECCIONES

Los hermanos Williams disputaron el Mundial de Catar (2022) representando a dos países distintos. Iñaki jugó con la selección de Ghana y Nico lo hizo con la de España, aunque no llegaron a enfrentarse. Los que sí lo hicieron, en el Mundial de Sudáfrica (2010), fueron los hermanos Boateng. Jérôme (con Alemania) y Kevin-Prince (con Ghana) se enfrentaron el 23 de junio de 2010. De momento, son los únicos hermanos que lo han conseguido.

153

CAMPEÓN POR PARTIDA DOBLE

Varios son los futbolistas que han logrado ser campeones de un Mundial y que, después, repitieron la experiencia como seleccionadores. El primero en conseguirlo fue el brasileño Mário Zagallo, que ganó los campeonatos de Suecia (1958) y de Chile (1962) como jugador y que, después, repitió la experiencia como seleccionador, en el Mundial de Brasil (1970).

154

LA EXPULSIÓN MÁS RÁPIDA EN UN CAMPEONATO MUNDIAL

Fue en el Mundial de México (1986), y apenas habían transcurrido 56 segundos desde el inicio del partido. Este lamentable récord lo tiene el uruguayo José Batista, que vio la roja directa por una dura entrada al escocés Gordon Strachan.

155

OTRO PORTERO QUE HIZO HISTORIA

Es el italiano Walter Zenga que, en el Mundial de Italia (1990), estableció una extraordinaria marca de imbatibilidad. El arquero acumuló, en dicho campeonato, un total de 517 minutos con la puerta a cero.

156

GOL MIL DE LA COPA MUNDIAL

El gol número 1.000 de la Copa Mundial de la FIFA lo marcó el holandés Rob Rensenbrink. Fue en el Mundial de Argentina (1978), en el partido disputado en la fase de grupos frente a Escocia.

157

AUTOGOL INAUGURAL

Brasil ganó el Mundial de su país celebrado en 2014. Sin embargo, los comienzos no fueron muy buenos. De hecho, en el partido inaugural, frente a Croacia, Marcelo anotó un gol en propia meta que se convirtió en el primer autogol que abría el marcador de un Mundial.

158

UN DOBLETE METEÓRICO

En la final del Mundial de Catar (2022), Kylian Mbappé consiguió dos goles en menos de dos minutos. Concretamente, el francés marcó en el minuto 79,25 y, después, lo hizo en el minuto 80,59. Una diferencia de 1,34 minutos, que estableció un gran récord.

159

DOS HAT-TRICK EN DOS MUNDIALES CONSECUTIVOS

El único futbolista que ha logrado dos *hat-trick* en dos ediciones consecutivas de la Copa Mundial es Gabriel Batistuta. El internacional argentino consiguió esta increíble marca en las ediciones de Estados Unidos (1994) y de Francia (1998).

PREMIOS
Y RÉCORDS

160

SOLO 10,8 SEGUNDOS PARA ABRIR EL MARCADOR

El gol más rápido en la Copa Mundial de la FIFA lo marcó el delantero turco Hakan Sukur a los 10,8 segundos de que comenzara el partido. Turquía competía con Corea del Sur por el tercer puesto del Mundial de Corea-Japón (2002). Al final del partido, los turcos subieron al podio por primera vez en su historia al ganar por 3-2. Sukur le quitó así el récord al checo Vaclav Masek, que había tardado 16 segundos en marcar un gol para Checoslovaquia frente a México en el Mundial de Chile de 1962.

161

PROTESTA GOLEADORA

AS Adema, 149-SO de l'Emyrne, 0. Este es el resultado del partido con la mayor goleada de la historia, reconocida por el *Libro Guinness de los récords*. El increíble marcador se registró en la liga de Madagascar en 2002 durante la final de la THB Champions League, y lo más curioso es que todos los goles fueron marcados en propia meta. El SO de l'Emyrne protestaba así por lo que consideraba una injusta decisión arbitral en un partido anterior, que lo había dejado sin posibilidad de clasificarse para la final del torneo.

162

UN NIÑO QUE JUEGA EN PRIMERA DIVISIÓN

El boliviano Mauricio Baldivieso es el jugador más joven en estrenarse en un partido de primera división. En 2009, a tres días de cumplir 13 años, Mauricio se enfundó la camiseta del Club Deportivo Aurora de la liga de su país y estableció este récord que, de momento, no se ha superado.

163

EL ESTADIO MÁS GRANDE DEL MUNDO NO ES EL CAMP NOU

Pese a lo que creen muchos aficionados al fútbol, el estadio más grande del mundo no es el Camp Nou. El Rungrado Primero de Mayo, situado en Pionyang, Corea del Norte, cuenta con una capacidad para 114.000 espectadores, muy por encima de los 99.354 que puede albergar actualmente el estadio blaugrana.

164

EL GOL MÁS MADRUGADOR DE LA HISTORIA DEL FÚTBOL

Ricardo Oliveira tiene el récord Guinness del gol más rápido de la historia del fútbol. En 1998, el brasileño marcó a los 2,8 segundos de que comenzara el partido. En 2009, el saudí Nawaf Shaker Al-Abed logró un gol a los dos segundos del inicio del encuentro. Sin embargo, el récord sigue en manos de Oliveira, ya que el equipo de Nawaf fue sancionado por alinear a seis jugadores mayores de 21 años en un enfrentamiento entre selecciones sub-21.

165

HAT-TRICKS MÁS RÁPIDOS DE LA HISTORIA

El escocés Tommy Ross tiene el récord Guinness del *hat-trick* más rápido de la historia. Lo consiguió en 1964, en el partido de fútbol regional escocés que disputaron Ross County (en el que jugaba Ross) y Nairn County. El delantero solo necesitó 90 segundos para establecer este récord. Sin embargo, Alex Torr consiguió superar este dato al conseguir un *hat-trick* en solo 70 segundos. Fue el 28 de abril de 2013, en la liga *amateur* inglesa.

166

SEXTETO PARA EL BARÇA

En la temporada 2008-2009, el FC Barcelona consiguió ganar todas las competiciones posibles en España: la liga española, la Champions League, la Copa del Rey, la Supercopa de España, la Supercopa de Europa y el Mundial de Clubes. Es el mayor número de títulos logrados en una misma temporada por un solo club y nadie más lo ha conseguido hasta el momento.

167

UN GOL RÁPIDO Y LEJANO

El gol más rápido marcado por un portero lo logró Tom King, jugador de la cuarta división de Inglaterra en 2021, a los 12 segundos de que comenzara el partido. La curiosidad de este gol (además del hecho de que fue marcado por un portero) es que este jugador del Newport County lanzó desde su propia área. Por eso, también se convirtió en el gol marcado desde mayor distancia (96,01 metros). King superaba así el récord previo, en manos del portero bosnio del Stoke City, Asmir Begovic, que en 2013 marcó a los 13 segundos de que comenzara el encuentro, desde 91,9 metros, en un partido de la Premier League.

168

BALÓN DE ORO PARA UN PORTERO

En el Mundial de Corea-Japón (2002), Oliver Kahn se convirtió en el primer y único portero de la historia en conseguir el Balón de Oro. Además, el arquero alemán es el primer guardameta con más partidos disputados en la historia de la Bundesliga, con un total de 557 encuentros.

169

UNA INTERMINABLE TANDA DE PENALTIS

En 2016, después de noventa minutos de juego, y un 3-3 en el marcador, el ganador del partido entre el SK Batov y el FC Frystak de la quinta división de la República Checa se decidió después de ¡52 lanzamientos desde el punto de penalti! Esta interminable tanda de penaltis terminó con un resultado de 21-20 a favor del anfitrión Batov.

170

KLOSE A LA CABEZA DE LOS GOLEADORES MASCULINOS EN UN MUNDIAL

Miroslav Klose es el máximo goleador del Mundial masculino. Con 16 goles conseguidos en las ediciones de los años 2002, 2006, 2010 y 2014, el alemán lidera el *ranking* masculino, aunque está por detrás de la brasileña Marta, que le supera por un gol.

171

EL EQUIPO CON MÁS TÍTULOS

No es el Barça y tampoco es el Real Madrid. El Nacional de Uruguay es, hasta el momento, el club más laureado del mundo. A fines de 2022, los uruguayos cuentan con un total de 162 títulos, de los cuales 22 son internacionales.

172

ALEXIA PUTELLAS YA ES LEYENDA

Alexia Putellas consiguió en 2022 su segundo Balón de Oro. La jugadora del FC Barcelona, que ya ganó este trofeo en la edición de 2021, se convierte así en el primer futbolista español (hombre o mujer) en obtener este galardón en dos ocasiones de forma consecutiva.

173

TRES CAMPEONATOS INTERNACIONALES CONSECUTIVOS

La selección española es la única que ha logrado ganar tres campeonatos internacionales consecutivos. España fue campeona de la Eurocopa en 2008, ganó el Mundial en 2010 y, por último, conquistó la Eurocopa de nuevo en 2012.

174

EL HOMBRE RÉCORD DEL FC BARCELONA

Lionel Messi es el único futbolista que ha conseguido, en una misma temporada, ganar el Balón de Oro, el FIFA World Player, el Trofeo Pichichi y la Bota de Oro. Fue en la temporada 2009-2010, cuando el argentino militaba en el FC Barcelona.

175

LEWANDOWSKI ENTRA EN EL GUINNESS
POR SU REPÓQUER EN NUEVE MINUTOS

El 30 de noviembre de 2015, el futbolista polaco Robert Lewandowski entró en el *Libro Guinness de los récords* al conseguir el repóquer más rápido de la historia. El entonces jugador del Bayern de Múnich logró marcar cinco goles en nueve minutos, en un partido de la Bundesliga frente al Wolfsburgo.

176

CATORCE GOLES EN UN SOLO PARTIDO

El partido con más goles en la historia de la liga española se jugó el 5 de febrero de 1933 en San Mamés. Se enfrentaban el Athletic Club y el Racing de Santander y el marcador final fue de 9-5. Un total de catorce goles en un solo partido, cifra que hasta la fecha no se ha superado.

177

BEBETO: REPÓQUER CON EL PÓQUER MÁS RÁPIDO

En 1995, Bebeto consiguió el póquer más rápido de la liga española. El jugador brasileño había marcado el 1-0 para su equipo frente al Albacete Club de Fútbol y lograba el 2-0 en el minuto 83 de partido. A partir de ahí, tres goles más, en apenas siete minutos, cerraban el marcador en 5-0. Una hazaña no superada hasta el momento.

178

CAMPEÓN DEL PICHICHI

Lionel Messi es el futbolista que más veces ha ganado el Trofeo Pichichi, con un total de ocho títulos. Además, el argentino lo consiguió en cinco ocasiones consecutivas, otra marca difícil de superar.

179

UN SOLO GOLEADOR PARA UN MARCADOR DE 23-0

Ronaldinho solo tenía 13 años cuando logró meter veintitrés goles en un partido y consiguió para su equipo una victoria por 23-0. Fue en 1993, en la liga infantil, y el brasileño reconoció el pésimo nivel de los niños del equipo rival. Ronaldinho declaró que «nunca volvió a ser tan fácil hacer goles»; pero, sin duda, esta goleada marcó el comienzo de un campeón.

180

PELÉ, TRICAMPEÓN DEL MUNDO

El único futbolista en la historia que ha logrado ganar la Copa Mundial tres veces es Pelé; dos de ellas, de forma consecutiva. El brasileño alcanzó este galardón en el Mundial de Suecia (1958), con solo 17 años, en el Mundial de Chile (1962) y en el Mundial de México (1970). Hasta el momento, nadie más ha logrado esta gesta.

181

SAN MARINO, LA PEOR SELECCIÓN

Según el *ranking* de selecciones de la FIFA, San Marino está considerada la peor selección del mundo. Se trata de una clasificación basada en cálculos matemáticos, en los que se tienen en cuenta múltiples variables, como los partidos jugados, ganados, empatados y perdidos. También se tienen en cuenta los goles a favor y en contra, etc. Con todas estas variables, se genera una tabla de puntuaciones que clasifica a los equipos nacionales de mejor a peor. Pues bien, San Marino ocupa el último puesto de la tabla. La citada selección solo ha ganado un partido en su historia y era amistoso… Fue en 2004, frente a Liechtenstein, y se impuso por un escaso 1-0.

182

VEINTE TROFEOS ZAMORA PARA EL BARÇA

Desde 1959, el diario *Marca* otorga el premio al portero menos goleado de la liga española. Se trata del conocido como Trofeo Zamora, y debe su nombre al mítico portero de la década de 1920, Ricardo Zamora. El equipo que más veces ha conseguido este trofeo es el FC Barcelona, con un total de veinte.

183

VEINTIOCHO TROFEOS PICHICHI PARA EL REAL MADRID

Desde la temporada 1952-1953, el diario *Marca* otorga también el premio al máximo goleador de la temporada en la liga española. Se trata del conocido como Trofeo Pichichi, término que se ha generalizado ya en otras competiciones para referirse a los goleadores. Debe su nombre al goleador del Athletic Club Rafael Moreno Aranzadi, más conocido como «Pichichi». El equipo que más veces ha conseguido este trofeo es el Real Madrid, con un total de veintiocho.

184

UN NOVATO MUY VETERANO

El futbolista español que más tiempo ha jugado en primera división es Joaquín, que debutó en 2002. El futbolista del Real Betis Balompié continúa en activo y, en octubre de 2022, se estrenó como presentador de televisión, con el programa de entrevistas a personajes populares *El novato*.

185

TROFEO ZAMORA DE ORO

Solo dos porteros, ambos jugadores del FC Barcelona, han ganado el Trofeo Zamora en cinco ocasiones. Se trata de Antoni Ramallets, guardameta de la década de 1950, y de Víctor Valdés, que defendió la portería del Barça hasta 2014. Al lograrlo se hicieron merecedores del Zamora de Oro.

186

EL EQUIPO MENOS GOLEADO

El equipo que encajó menos goles a lo largo de una temporada en la liga española fue el Real Madrid que, en la temporada 1931-1932, solo recibió quince. Sin embargo, hay que tener en cuenta que el número de equipos era menor entonces y, por tanto, se jugaban menos partidos. Los blancos establecieron este récord en un total de dieciocho jornadas disputadas. Se trata de una marca difícil de superar ahora que, en cada temporada, se juegan un total de 38 partidos.

187

LA MEDIA DE GOLES MÁS ALTA

Los goleadores siempre tienen notoriedad y protagonismo. Por eso, es interesante destacar el equipo que tiene la media de goles marcados más alta en la historia de la liga española. Se trata del Athletic Club que, durante la temporada 1930-1931, consiguió anotar 73 goles en un total de dieciocho jornadas. La impresionante media de 4,055 goles por partido no se ha podido a superar. Actualmente, para superarla, sería necesario que un equipo consiguiera marcar, en las 38 jornadas, al menos 155 goles.

188

EL EQUIPO MÁS GOLEADO EN UNA TEMPORADA

Es el caso del Unió Esportiva Lleida que, en la temporada 1950-1951 de la liga española, encajó un total de 134 goles. Además, hay que tener en cuenta que, en esa temporada, el número de equipos participantes era de dieciséis, por lo que el Lleida recibió esta escandalosa cifra de goles en un total de treinta jornadas, una media de 4,46 goles por partido.

189

EL EQUIPO QUE MARCÓ MENOS GOLES EN UNA TEMPORADA

El equipo que menos goles ha marcado en una temporada de la liga española es el CD Logroñés. Ocurrió en la temporada 1994-1995, en la que los riojanos solo marcaron quince goles en un total de 38 jornadas. Una media de tan solo 0,39 goles por partido.

190

EL GUARDAMETA PICHICHI

Aunque no es lo habitual, los guardametas también marcan goles. Un caso curioso de la temporada 1976-1977 de la liga española es el del portero Carlos Fenoy. En dicha temporada, el entonces guardameta del Celta de Vigo marcó un total de cinco goles, cifra ya de por sí increíble. Este hecho se produjo porque Fenoy fue el encargado de tirar los penaltis a lo largo de la temporada. Lo más sorprendente es que esta cifra lo convirtió en el máximo goleador del equipo.

191

EL GOL DEL SIGLO

Así se conoce el mítico gol que Diego Armando Maradona consiguió en el Mundial de México (1986). Fue en los cuartos de final, frente a la selección de Inglaterra. Corría el minuto cincuenta y cinco y Diego solo necesitó 10,6 segundos para recorrer 52 metros y, sorteando a cinco rivales, lograr este impresionante gol. Este gol recibió el premio al mejor gol marcado en un partido de la Copa Mundial de la FIFA.

192

DELANTERA MÁS GOLEADORA

En la temporada 2011-2012, la delantera del Real Madrid anotó un total de 89 goles en las 38 jornadas disputadas. Cristiano Ronaldo, con 45 goles, Higuaín, con 22, y Benzema, con 21, establecieron esa increíble cifra (más de dos goles de media por partido) que los convierte en la delantera más goleadora de la historia de la liga española en una temporada.

193

¡CAMBIÓ DE CAMISETA 32 VECES!

La mayoría de los futbolistas cambian de equipo alguna vez a lo largo de su carrera. Dentro de este grupo, los hay que cambian con una increíble facilidad. A nivel internacional, podemos encontrar algunos futbolistas que han militado en algún equipo español y que resultan especialmente llamativos, por el gran número de equipos a los que han llegado a pertenecer. Es el caso de, por ejemplo, Sebastián Abreu. Conocido como «el Loco» Abreu, este uruguayo jugó en un total de 32 equipos diferentes. En España, Abreu militó en el Deportivo de La Coruña (1998) y en la Real Sociedad (2009). Además de jugar en España, jugó en equipos de los siguientes países: Uruguay, Argentina, Brasil, México, Israel, Grecia, Ecuador, Paraguay, El Salvador y Chile.

194

SIETE BALONES DE ORO

Lionel Messi es el futbolista que más veces ha conseguido este galardón. Con un total de siete, el argentino es el jugador con más Balones de Oro de la historia. Los cuatro primeros los obtuvo de forma consecutiva los años 2009, 2010, 2011 y 2012. Los tres restantes llegaron los años 2015, 2019 y 2021. El siguiente en el palmarés de este trofeo es el portugués Cristiano Ronaldo, con cinco galardones.

195

UN PORTERO GOLEADOR

Rogério Ceni es el portero que más goles ha conseguido en la historia del fútbol. Con un total de 132 goles, este arquero brasileño era especialista en tirar penaltis y libres directos, muchos de los cuales lograba convertir en gol. Se retiró del fútbol en 2015, a los cuarenta y dos años.

196

JUGAR PASADOS LOS CINCUENTA

Kazu Miura está considerado el futbolista más longevo de la historia. En enero de 2023, a sus cincuenta y cinco años, fichó por la UD Oliveirense, equipo de la segunda división portuguesa. Este delantero japonés lleva la friolera de treinta y ocho años como futbolista profesional. Inició su carrera en la década de 1980, en el fútbol brasileño, y jugó en equipos de reconocido prestigio como el São Paulo, el Santos y el Palmeiras. Ha sido internacional con su país y ganó la Copa Asiática en 1992.

197

CUATRO TÍTULOS DE LA UEFA CHAMPIONS LEAGUE

En 2022, Carlo Ancelotti se convirtió en el entrenador que más títulos de la UEFA Champions League ha ganado. La victoria del Real Madrid frente al Liverpool supuso el cuarto título para el técnico italiano, que superaba así a Bob Paisley y a Zinedine Zidane, con tres títulos cada uno. Ancelotti ganó dos de estos títulos con el Milán y los otros dos, con el Real Madrid.

198

PREMIO THE BEST

Desde 1917, los premios The Best se otorgan al mejor futbolista, al mejor guardameta y al mejor entrenador, entre otras categorías. Lo que tiene de particular es que el ganador se decide por una votación en la que intervienen capitanes y entrenadores de las selecciones nacionales afiliadas a la FIFA, periodistas y también aficionados. Los puntos totales determinan tres candidatos que acuden a la gala final, en la que se desvela la puntuación definitiva y los ganadores y ganadoras.

199

RÉCORD MUNDIAL DE ESPECTADORES EN EL FÚTBOL FEMENINO

Se produjo en el Camp Nou, en el encuentro de semifinales de la UEFA Women's Champions League, entre el FC Barcelona y el VFL Wolfsburgo alemán. Fue en abril de 2022 y 91.648 aficionados presenciaron el encuentro.

200

JUGADOR CON MÁS BOTAS DE ORO

La Bota de Oro es uno de los premios más prestigiosos que un futbolista puede ganar. El jugador que actualmente ostenta el récord es Lionel Messi. El argentino ha ganado este trofeo en seis ocasiones, en las temporadas 2009-2010, 2011-2012, 2012-2013, 2016-2017, 2017-2018 y 2018-2019. Y, como ves, tres de ellas fueron consecutivas. Le sigue Cristiano Ronaldo con cuatro Botas de Oro.

201

ESPAÑOLAS EN EL THE BEST

La primera española en ganar el premio The Best a la mejor jugadora fue Alexia Putellas, en la edición de 2021. La centrocampista del FC Barcelona también consiguió el premio a la mejor jugadora en la última edición, correspondiente a 2022. Además, Alexia recibió en esta misma edición otro premio, junto con su compañera de equipo, Mapi León. Ambas fueron elegidas para el FIFA FIFPro Women's World XI (mejor once femenino). Dos españolas que triunfan en el The Best y hacen historia en el fútbol femenino.

202

EL BALÓN DE ORO DE LUIS SUÁREZ

Luis Suárez es el único hombre futbolista nacido en España que ha ganado el Balón de Oro. Fue en diciembre de 1960 y Suárez tenía solo veinticinco años. En aquel momento, también se convirtió en el futbolista más joven en ganarlo. Aunque han pasado más de sesenta años, ningún otro jugador nacido en España lo ha conseguido después.

REGLAMENTOS Y ÁRBITROS

203

TARJETA ROJA COLECTIVA

El partido con más expulsados de la historia del fútbol tuvo lugar en 2011, entre los equipos Claypole y Victoriano Arenas de la quinta división argentina. Cuando el encuentro se convirtió en una verdadera batalla campal, el árbitro, Damián Rubino, mostró la tarjeta roja a todos los integrantes de los dos equipos: un total de 36 tarjetas rojas que marca un triste récord.

204

LA EXPULSIÓN MÁS RÁPIDA

La expulsión más rápida en un partido de fútbol fue para David Pratt en 2008. Su equipo, el Chippenham Town inglés, se enfrentaba al Bashley en la Southern Football League, una competición que agrupa equipos semiprofesionales y *amateurs* del fútbol inglés. Pratt recibió la tarjeta roja a los tres segundos de que comenzara el partido.

205

LAS TARJETAS Y LOS SEMÁFOROS

Las actuales tarjetas rojas y amarillas no se empezaron a utilizar hasta el Mundial de México, en 1970. El árbitro inglés Ken Aston, mandatario del arbitraje de la FIFA, paseaba por Londres mientras pensaba cómo señalar una sanción o expulsión a los futbolistas. Entonces, un semáforo cambió de amarillo a rojo, e inspiró la idea de Aston.

206

TARJETA BLANCA PARA QUINI

Enrique «Quini» Castro, gran ejemplo de deportividad, curiosamente, fue el primer futbolista amonestado de la historia de la liga española. Ocurrió en 1971 y el delantero vio una tarjeta que, por entonces, era de color blanco.

207

PROHIBIDO JUGAR DESCALZOS

India renunció a participar en el Mundial de Brasil de 1950, como protesta por la negativa de la FIFA a permitir que sus futbolistas jugaran descalzos, tal y como lo hacían en su país.

208

PASADO Y PRESENTE DEL BALÓN REGLAMENTARIO

Los primeros balones de fútbol se fabricaban con tiras de cuero de vaca, eran de un color marrón oscuro y, aunque su peso era similar al de los actuales, cuando se mojaban, multiplicaban su peso. En el Mundial de Brasil (1970), se empezaron a utilizar balones con paneles pentagonales en blanco y negro para facilitar su identificación en las retransmisiones televisivas. Desde la Copa Mundial de México (1986), los balones son de cuero sintético y su peso, al inicio del partido, debe estar entre 410 y 450 gramos, según establece la FIFA.

209

TECNOLOGÍA Y GOLES FANTASMA

La implantación de la tecnología en la línea de gol tuvo como principal detonante los llamados «goles fantasma». Determinar si el balón ha rebasado completamente la línea de meta o no puede resultar muy complicado para el ojo humano. Por eso, durante décadas, los goles dudosos subían al marcador, o no, a criterio del árbitro. El desarrollo tecnológico permitió un gran avance en este aspecto.

210

IOT EN EL FÚTBOL

Gracias a la tecnología, de cada partido de fútbol, se extrae una increíble cantidad de datos que se analizan y que ofrecen estadísticas de todo tipo. Una de estas tecnologías, conocida como «internet de las cosas» (IOT, por su nombre en inglés: *Internet of Things*), consiste en colocar sensores en el cuerpo de los futbolistas para monitorizarlos. A partir de esta monitorización, se extraen datos de su velocidad o de la distancia recorrida, pero también de su fatiga o de su ritmo cardiaco. Y todo ello, en tiempo real.

211

TARJETAS AMARILLAS Y ROJAS

En la liga española, las tarjetas de amonestación aparecieron por primera vez en la temporada 1970-1971. Al principio, los colegiados tenían dos tipos de tarjeta: blanca y roja. Más adelante, en 1976, la tarjeta blanca pasaría a ser amarilla, tal y como marcaba la normativa internacional, y así se mantiene actualmente.

212

PRIMEROS EXTRANJEROS EN LA LIGA ESPAÑOLA

En 1973, se eliminó en España la prohibición de fichar a futbolistas extranjeros. Con esta medida, se permitía a cada club un máximo de dos fichajes procedentes de otros países. Esto permitió que llegaran a los equipos españoles jugadores de la talla de Cruyff, Netzer, Neeskens, Ayala y otras estrellas internacionales de la época.

213

TARJETA BLANCA A LA DEPORTIVIDAD

La tarjeta blanca ha vuelto a los campos de fútbol, pero con un significado muy distinto. Aprobada por la Federación Portuguesa de Fútbol (FPF) en 2018, lejos de sancionar, el objetivo de esta tarjeta es el de premiar la deportividad y el juego limpio. El colegiado puede mostrarla tanto en el campo como en la grada. Sin embargo, tardó en estrenarse: no fue hasta el 21 de enero de 2023, en el partido de fútbol femenino entre el Benfica y el Sporting de Portugal, tras el desmayo de un aficionado en las gradas. La rápida intervención del equipo médico del estadio fue merecedora de esa primera tarjeta blanca, que arrancó la ovación de los más de quince mil espectadores que presenciaban el encuentro.

214

LOS JUGADORES EXTRANJEROS EN EL FÚTBOL ACTUAL

Con la entrada en la Unión Europea y la libre circulación de personas en el territorio que la conforma, los jugadores comunitarios no ocupan plaza de extranjero en los clubes españoles. Además, las normas de la Real Federación Española de Fútbol establecen un máximo de tres jugadores extracomunitarios por equipo. Así, en la temporada 2022-2023, de una plantilla de 25 jugadores, un equipo puede contar con tres extracomunitarios y los 22 restantes pueden ser comunitarios o españoles. Si a esto le añadimos que algunos extracomunitarios no ocupan plaza como tal, debido a tratados internacionales con su país, entenderemos por qué en algunos equipos es difícil encontrar jugadores españoles.

215

DE UNA A CINCO SUSTITUCIONES POR PARTIDO

En el fútbol actual, las sustituciones de los jugadores a lo largo del partido constituyen una pieza clave de la estrategia del encuentro. Sin embargo, en sus inicios, la liga española de fútbol no permitía realizar ningún cambio. Fue en la temporada 1965-1966 cuando se estableció la posibilidad de realizar una sustitución por partido. Con el paso de los años, se fue aceptando un mayor número de sustituciones y, desde la temporada 2019-2020, es posible realizar hasta cinco cambios en un mismo encuentro. La decisión, tomada como consecuencia de la pandemia del coronavirus, se mantiene vigente en la actualidad.

216

SISTEMA DE VIDEOARBITRAJE (VAR)

A partir de la temporada 2018-2019, se implementó en el mundo del fútbol el sistema de videoarbitraje. El popular VAR es una herramienta de apoyo para el equipo arbitral. Se trata de una sala en la que múltiples cámaras de televisión toman imágenes del partido desde diversos ángulos. Los árbitros de dicha sala están en conexión directa con el árbitro del encuentro, tanto para realizar advertencias como para recibir preguntas. Este sistema se utiliza en jugadas decisivas, a criterio arbitral, y permite que el colegiado del encuentro revise en directo aquellas jugadas cuya conflictividad pueda dar lugar a decisiones comprometidas. Penaltis, tarjetas rojas, goles fantasma o identificación de los jugadores son algunos de los lances del juego que necesitan consulta por parte del árbitro.

217

EL REY DEL SILBATO

El colegiado navarro Alberto Undiano Mallenco fue árbitro de la primera división nacional durante diecinueve temporadas. Debutó en la máxima categoría a los 26 años, el 10 de septiembre de 2000 en el partido entre Numancia y Oviedo. Terminó su carrera profesional en la temporada 2018-2019, arbitrando el encuentro entre Real Madrid y Real Betis. A lo largo de esas temporadas, el navarro dirigió un total de 346 partidos, cifra que le sitúa a la cabeza de los colegiados que más encuentros han arbitrado en la historia de la liga española. Hasta que Undiano estableció este récord, otro navarro, Eduardo Iturralde González, con diecisiete temporadas y 263 encuentros, lideraba esta lista.

218

¿TRES AMONESTACIONES PARA EL MISMO JUGADOR, EN UN SOLO PARTIDO?

Ya sabemos que, cuando un jugador recibe una tarjeta amarilla, está siendo amonestado. Si la recibe en una segunda ocasión, automáticamente, se le mostrará la tarjeta roja para que abandone el terreno de juego. Pues bien, en el Mundial de Alemania (2006), el árbitro inglés Graham Poll llegó a mostrar tres tarjetas amarillas al jugador croata Josip Simunic. Fue en el partido entre Croacia y Australia, durante la primera fase, o fase de grupos. Este error garrafal permitió que el jugador de Croacia continuara en el campo después de ver la segunda tarjeta amarilla.

219

TARJETA ROJA PARA EL COLEGIADO

¿Sabías que el árbitro principal puede amonestar e, incluso, expulsar a cualquiera de los árbitros asistentes que lo acompañan durante el encuentro? Pues sí, tras la actualización de las Reglas del Juego 2007/2008, se reconoció la figura del árbitro asistente. Inicialmente, se incluyó como suplente para actuar en caso de lesión de uno de los árbitros principales. Sin embargo, lo que no todo el mundo sabe es que, tras la última actualización del Reglamento de la FIFA, se permite que el árbitro principal amoneste e, incluso, expulse a cualquiera de los otros árbitros.

220

AUTOEXPULSIÓN

¿Te imaginas que el colegiado del encuentro se muestra una tarjeta roja a sí mismo? Pues, aunque parezca mentira, esto es lo que hizo Melvin Sylvester en 1998, según relataba el periódico británico *The Guardian*. Fue en un encuentro entre aficionados de Southampton Arms y de Hurstbourne Tarrant British, en Londres, que este conserje dirigía. El partido se había calentado por varios rifirrafes entre los protagonistas y el árbitro había pedido calma en reiteradas ocasiones. Entonces, uno de los futbolistas empujó al colegiado y Sylvester comenzó a propinarle puñetazos. Al darse cuenta de su acción, Sylvester se autoexpulsó, lanzó el silbato y se retiró al vestuario. El partido finalizó con uno de los aficionados como árbitro y el colegiado fue suspendido durante varias semanas. Al finalizar, admitió su mala acción y la justificó diciendo que no supo aguantar la provocación.

221

ÁRBITRO A LOS CATORCE

Daisy Goldsmith es una joven británica que tiene un récord Guinness del mundo del fútbol. En 2010, cuando solo tenía catorce años, Daisy superó los exámenes para convertirse en uno de los árbitros de su país. Más concretamente en la más joven de todos. Además, en el momento de su nombramiento, solo 407 de los 25.502 árbitros eran mujeres.

222

ÁRBITROS A LA CARTA

Por el momento, esto no es posible, al menos en el mundo real. Pero ¿y en el mundo virtual? Konami Digital Entertainment es una empresa de videojuegos que, en 2017, lanzó un simulador de fútbol en el que era posible decidir cómo debía ser el árbitro. El jugador de este videojuego podía determinar, por lo tanto, todas las actuaciones del colegiado durante la simulación. Además de sus características físicas (complexión delgada o fuerte, alto o bajo, buena o mala condición física, entre otras variables), también se podía elegir si el árbitro sería drástico o indulgente en sus decisiones.

223

CASTIGOS EJEMPLARES

La violencia está perseguida dentro y fuera de los terrenos de juego. Por eso, en ocasiones, las sanciones por manifestaciones antideportivas y violentas pueden a llegar a ser a perpetuidad. Este es el caso de la sanción que recibió un futbolista irlandés aficionado: Victor Sproule fue suspendido durante treinta años. Fue en un encuentro celebrado en Belfast y marcado por la violencia, que el colegiado había decidido suspender. El citado jugador respondió entonces atacando al árbitro y propinándole un cabezazo. Otro jugador de este mismo encuentro fue suspendido durante cinco años por insultos racistas contra el árbitro.

224

EL FUERA DE JUEGO Y EL RUGBY

Originalmente, el fuera de juego en el fútbol era igual que en el rugby. Esto suponía que no podía pasarse el balón hacia delante. Es decir, no se podía pasar el balón al jugador que estuviera situado delante del balón. A partir de 1866, esta norma cambió y se permitió pasar el balón a un jugador adelantado, siempre que entre el balón y la línea de meta hubiera al menos tres jugadores del equipo contrario. Esta norma también se modificaría y se reduciría a dos en lugar de tres el número de jugadores necesarios para anular el fuera de juego.

225

SIETE COMO MÍNIMO

Ese es el número de jugadores mínimo con el que debe contar un equipo durante el transcurso del encuentro. Esto quiere decir que, si un equipo se queda con seis jugadores por expulsiones, abandono, lesiones (tras haber agotado los cambios permitidos) u otras circunstancias, el partido no podrá reanudarse. La palabra «reanudarse» es aquí de vital importancia, ya que, si esto sucede, el árbitro no estará obligado a detener el juego. Ahora bien, una vez que el balón deje de estar en juego, ya no podrá reanudarse si uno de los equipos no cuenta con esos siete jugadores como mínimo.

226

SACAR DE BANDA CON UNA MANO

Según las reglas de fútbol actual, el saque de banda se debe realizar desde el lugar en que el balón haya salido del terreno de juego, lanzando el balón con ambas manos desde atrás y por encima de la cabeza. Sin embargo, esto no siempre fue así. Hasta 1882, el saque de banda se hacía con una sola mano, de forma similar a como se hace en el rugby. Fue en ese año cuando la norma cambió y empezó a sacarse con las dos manos.

227

JUGAR DESCALZO

Según las reglas del fútbol, los jugadores están obligados a jugar con el calzado reglamentario. Pero ¿qué ocurre si un jugador pierde la bota al golpear el balón y este lanzamiento termina en gol? Pues lo que ocurre es que el tanto subirá al marcador, puesto que el jugador ha perdido el calzado accidentalmente. Eso sí, tras marcar es obligatorio volver a calzarse la bota.

228

EL SILBATO ARBITRAL

Antes de la aceptación general del uso del silbato, los árbitros levantaban el brazo para señalar determinadas jugadas. Se dice que el primer partido registrado en el que el colegiado utilizó un silbato se disputó entre el Nottingham Forest y Norfolk FC, en 1878. Sin embargo, en 1872, algunos periódicos ya citaban la existencia de silbatos en el fútbol, similares a los que utilizaban los policías.

229

GOLES QUE NO PUEDEN SUBIR AL MARCADOR

¿Sabes qué ocurre si se marca un gol directo del saque de banda? Lo que ocurre es que ese gol no subirá al marcador. Según el reglamento del fútbol, no es posible marcar gol directamente desde el saque de banda. En caso de que esto suceda, si el balón entra en la portería del lanzador, el árbitro debe conceder saque de esquina y, si entra en la portería del adversario, debe conceder saque de puerta.

230

EL FÚTBOL DE LOS CABALLEROS

En las reglas originales del fútbol, no existían las faltas ni, por supuesto, los penaltis. La razón hay que buscarla en la creencia de que los caballeros no podían cometer una falta intencionada. Más adelante, estas reglas se modificaron y fue necesario introducir algunos nuevos conceptos para evitar el juego sucio de algunos de esos caballeros.

231

UN VAR EN LA SALA VOR

En España, la sede del VAR está en un edificio de la Ciudad del Fútbol, situada en Las Rozas de Madrid. Es el lugar desde el que un conjunto de árbitros trabaja dando apoyo a los colegiados de césped de varios partidos simultáneamente. Dentro de esta estructura, la sala desde la que estos colegiados operan se denomina «sala de videooperaciones» o VOR (por su nombre en inglés: Video Operation Room).

232

DIMENSIONES DEL TERRENO DE JUEGO

Según las normas del fútbol, el terreno de juego debe ser un rectángulo con unas medidas establecidas. En concreto, la cancha debe contar con unas medidas comprendidas entre 45 y 90 metros de ancho y entre 90 y 120 metros de largo. Además, la FIFA establece que, en los torneos internacionales, las medidas deben ser de 64 × 100 metros como mínimo y de 75 × 110 metros como máximo.

233

¿TIROS LIBRES EN EL FÚTBOL?

Pues sí, en el fútbol también existe este concepto, tan relacionado con el baloncesto y con otros deportes. En este caso, un tiro libre puede ser directo o indirecto. Según las actuales normas del fútbol, por una parte, el tiro libre directo se puede ejecutar directamente contra la portería del contrario; por la otra, el tiro libre indirecto debe sacarse sobre un compañero de equipo y, por tanto, no puede lanzarse directamente a portería.

234

UN RESBALÓN QUE SALIÓ MUY CARO

En 2021, el portero Giorgi Makaridze, cuando era jugador del UD Almería, tuvo tan mala fortuna que, después de haber sacado de puerta, resbaló y tocó de nuevo el balón. El árbitro señaló un tiro libre indirecto que terminó convirtiéndose en gol. Según las actuales reglas del fútbol, si el futbolista que saca vuelve a tocar el balón antes de que otro jugador lo toque, este lance debe ser sancionado con un tiro libre indirecto.

235

EL SEÑOR DE NEGRO

Referirse al árbitro del encuentro como «el de negro» era habitual hasta hace unas décadas. Desde que empezaron a dirigir encuentros de fútbol, los colegiados siempre vestían de negro. Se cree que, inicialmente, esto pudo venir por la imagen de los jueces, dado que su labor en el campo era la de impartir justicia. Fue en el Mundial de Estados Unidos (1994) cuando esto cambiaría radicalmente y los árbitros empezarían a utilizar todo tipo de colores, algunos de ellos bastante llamativos, tal y como los vemos hoy en día.

236

EL POLÉMICO AEROSOL

Actualmente, los colegiados cuentan con la posibilidad de utilizar un aerosol para señalar las posiciones de la barrera y del balón en el momento de lanzar una falta. Este pequeño dispositivo ha sido de gran ayuda en los últimos años. Sin embargo, problemas relacionados con su inventor y con la patente provocaron que, en 2018, la FIFA sacara de las reglas del fútbol el uso de este dispositivo. De momento, estas reglas siguen sin contemplar su uso y la FIFA se limita a dejar a criterio de cada competición la opción de utilizarlo o no.

237

EL «TRENCILLA»

¿Sabes por qué a los árbitros se les llama en ocasiones «trencilla»? El nombre se debe a la indumentaria que llevaban los colegiados antiguamente. Los árbitros llevaban chaquetas con unos bordes blancos que se popularizaron con este nombre. Hace más de setenta años que dejaron de vestir este tipo de prenda y, realmente, se trata de un término en desuso. Sin embargo, todavía hay algún narrador o comentarista que se refiere a ellos con esta expresión.

238

PRIMER CONTRATO PROFESIONAL DE LOS ÁRBITROS ESPAÑOLES

¿Sabías que hasta 2020 los árbitros no eran profesionales? Pues sí, en España, el primer contrato de trabajo no llegó hasta el 1 de septiembre de 2020. Fue entonces cuando se hizo realidad una reclamación histórica del mundo arbitral al convertir a los colegiados en deportistas profesionales de la Federación Española de Fútbol.

239

CUANDO ARBITRAR ERA SOLO UNA AFICIÓN

Los árbitros de hace años lo eran por pura afición. Todos tenían su propio trabajo, ya que por arbitraje no se recibían ingresos suficientes para vivir. Por eso, algunos de ellos no se cuidaban lo suficiente y su condición física no era la adecuada. Ahora los árbitros entrenan a diario y se cuidan como cualquier deportista. Todo esto ha favorecido su rendimiento y ha mejorado notablemente sus actuaciones en el terreno de juego.

240

EQUIPO IMPRESCINDIBLE PARA EL FÚTBOL

No es otro que el equipo arbitral encargado de impartir justicia en el encuentro. De este equipo depende, en buena medida, que el juego se desarrolle de forma pacífica. En la actualidad, está formado por cuatro personas: el árbitro principal o central, los árbitros asistentes (antiguamente denominados «jueces de línea») y el cuarto árbitro.

241

EL ÁRBITRO CENTRAL

Es el árbitro principal del partido y la mayor autoridad del equipo arbitral. Tiene la misión de aplicar el reglamento de forma objetiva. No solo debe conocerlo al pie de la letra, sino que también tiene que ser capaz de interpretar correctamente determinados lances del encuentro. Según indica el propio reglamento, es el juez encargado, entre otras cuestiones, de sancionar faltas y penaltis, de sacar tarjetas, y de otras labores.

242

EL PAPEL DEL CUARTO ÁRBITRO

Figura arbitral incorporada por la FIFA en 1991, se sitúa junto a los banquillos y vela por la deportividad en esta zona de la cancha. Está preparado para sustituir a cualquiera de sus compañeros cuando sea necesario. Es el encargado de reflejar en la tablilla que ven los espectadores el tiempo de descuento determinado por el árbitro central. Por último, apoya en tareas relacionadas con supervisión de cambios, balones y equipamiento.

243

LOS ÁRBITROS ASISTENTES

Conocidos también como «abanderados», acompañan al árbitro principal del partido a lo largo de ambas bandas. Se sirven de una bandera (de ahí el nombre de abanderados) para señalar las infracciones que observan en el encuentro. Resultan de vital importancia en determinadas jugadas, cuando el árbitro principal se encuentra lejos de estas. Son fundamentales para determinar las posiciones de fuera de juego.

244

¿CUÁNTO DURA UN PARTIDO?

El tiempo reglamentario de un partido es de noventa minutos, dividido en dos tiempos de cuarenta y cinco minutos cada uno. Sin embargo, el reglamento establece que el colegiado puede prolongar cada periodo cuando estime que se ha perdido tiempo por razones como sustituciones, atención a jugadores lesionados, pausas autorizadas por la competición, celebración de goles, consultas al equipo del VAR, y otras.

245

PAUSAS DE HIDRATACIÓN

Desde junio de 2021, el árbitro puede parar el encuentro con motivo de la pausa de hidratación. Es un descanso, de no más de tres minutos, para hidratarse en los meses de altas temperaturas. Estas pausas se producen, aproximadamente, en los minutos 30 y 75 de juego, siempre que los equipos lo soliciten de mutuo acuerdo. Si no hay acuerdo, será el árbitro quien decida si resulta o no conveniente hacerla, en función de las condiciones climáticas. El tiempo perdido en este descanso se sumará al tiempo de descuento.

246

LOS ANÁLISIS DEL VAR LLEVAN SU TIEMPO

La principal filosofía de las intervenciones del VAR es que estas sean mínimas, para no restar fluidez al juego. Pero esto no siempre puede cumplirse, como demuestran estudios realizados sobre los tiempos de intervención del VAR y los motivos. La conclusión es que la mayor parte del tiempo de descuento se debe a estas intervenciones. Un estudio realizado en la jornada cuatro de la temporada 2019-2020 de la liga española concluyó que el VAR dedicó más de 32 minutos a revisar jugadas. Así, en el partido entre el Celta de Vigo y el Granada, el tiempo de descuento fue de 10,45 minutos, de los cuales nueve se debieron a la revisión de jugadas por parte del VAR.

247

GOLES DESDE LA PORTERÍA

Antiguamente, un gol procedente de un saque directo de portería no era válido. Sin embargo, en la actualidad, el portero puede marcar directamente a través del saque, salvo que este sea efectuado con las manos.

248

INGLATERRA, ALEMANIA Y LOS GOLES FANTASMA

El inicio de la investigación para implantar la tecnología en la línea de gol se debe, en buena medida, a dos goles concretos marcados por la selección inglesa. Se trata de dos goles clave marcados por Inglaterra a la selección de Alemania en la Copa Mundial. El primero se produjo en 1966 y subió al marcador, aunque nunca debió hacerlo. El segundo tuvo lugar en 2010 y se anuló, a pesar de que era un gol completamente legal. Con las actuales cámaras en la línea de gol, estos errores se habrían evitado.

249

PLATINI Y LAS TARJETAS BLANCAS

En 2014, el entonces presidente de la UEFA Michel Platini propuso utilizar de nuevo el color blanco en las tarjetas de amonestación. La idea era que esta tarjeta fuera algo intermedio entre la cartulina amarilla y la roja, y que sirviera para expulsar temporalmente, durante 10 minutos, al jugador que la recibiera. Hasta el momento, esta idea nunca se ha llevado a la práctica.

250

UN EMPUJÓN DE 10.000 LIBRAS

Esa fue la multa que recibió el futbolista del Sheffield Wednesday FC, Paolo Di Canio. Ocurrió en 1997, cuando el italiano empujó al colegiado después de que este le mostrara la tarjeta roja. Un empujón que le supuso once partidos de suspensión y una multa de 10.000 libras.

251

PATADA A UN RECOGEPELOTAS

En 2013, Eden Hazard fue expulsado por su acción antideportiva contra un recogepelotas. Al futbolista, que entonces militaba en el Chelsea, no le pareció bien que el joven retuviera el balón y le propinó una patada que le valió la tarjeta roja directa.

252

VER PARA CREER

En un partido de la liga francesa entre el Nantes FC y el Paris Saint-Germain, el árbitro Tony Chapron terminó en el suelo tras un choque con Diego Carlos, jugador del Nantes. Lo sorprendente fue que, desde el suelo, el colegiado propinó una patada al futbolista y, al levantarse, le mostró la segunda tarjeta amarilla y le expulsó.

253

PELEA ENTRE COMPAÑEROS

En un partido de la liga inglesa entre Newcastle United y Aston Villa, celebrado en 2005, los jugadores del equipo local Lee Bowyer y Kieron Dyer fueron tristes protagonistas de una insólita pelea. Ambos se liaron a golpes lejos del balón y dejaron a su equipo en inferioridad numérica ya que, por supuesto, fueron expulsados.

254

GOL FANTASMA DEL BAYER

En 2013, el jugador del Bayer Leverkusen, Stefan Kießling, marcó un polémico gol que terminó subiendo al marcador. Fue en un partido de la Bundesliga contra el TSG 1899 Hoffenheim. El delantero logró que el balón entrara, pero lo hizo por debajo de la red lateral de la portería. Ante su propia perplejidad, el árbitro dio el gol por bueno.

255

GOL OLÍMPICO

¿Sabes qué es un gol olímpico? Pues se trata de esos magníficos goles que se logran con un lanzamiento desde el córner y en los que el balón entra en la portería sin ser desviado por ningún jugador. Una forma complicada de anotar que solo algunos consiguen.

CURIOSIDADES

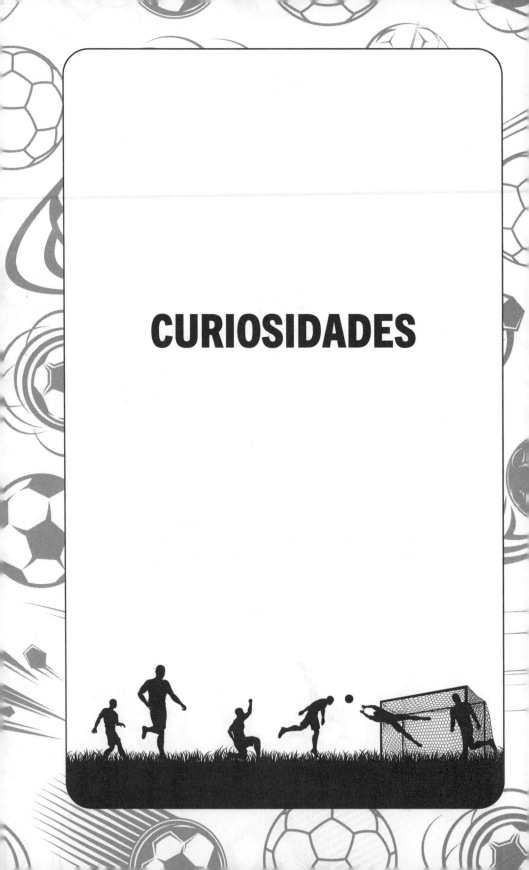

256

CAMPO DE FÚTBOL FLOTANTE

Aunque parezca mentira, existe un campo de fútbol flotante. En 1986, un grupo de jóvenes de la isla de Koh Panyee (Tailandia), ante la falta de espacio natural, decidió construir un campo de fútbol flotante con trozos de madera de barcos viejos. Un lugar donde divertirse, aunque algo inestable y resbaladizo… Con el paso de los años, la construcción se ha modernizado y actualmente está hecho de materiales más resistentes.

257

MÁS DE QUINIENTOS MILLONES DE SEGUIDORES

Cristiano Ronaldo no solo es el futbolista con más seguidores en Instagram. En 2022, el portugués superó la barrera de los quinientos millones de seguidores y se convirtió así en la primera persona en lograrlo.

258

PARA OLVIDAR

Es el día que el argentino Martín Palermo falló tres penaltis en un mismo partido de la Copa América, entre Argentina y Colombia. Era el año 1999 y Palermo estableció así un récord Guinness para olvidar.

259

EL JUGADOR MEJOR PAGADO DEL MUNDO

El jugador que más cobra del mundo es Cristiano Ronaldo. El portugués ha fichado, después del Mundial de Catar (2022), por el club de Arabia Saudí Al-Nassr Football Club en el que ganará alrededor de doscientos millones de euros al ano.

260

EL FUTBOLISTA QUE NO SABÍA JUGAR AL FÚTBOL

Así paso a la historia el brasileño Carlos Henrique Raposo. En el documental *Kaiser: The Greatest Footballer Never to Play Football* (2018), de Louis Myles, se cuenta la historia de este mago del engaño, aunque no del balón. Al parecer consiguió militar en grandes equipos de su país y de otros países del mundo, gracias a sus buenas relaciones con futbolistas de renombre y a su maestría a la hora de fingir lesiones y otras artimañas.

261

TREGUA NAVIDEÑA

En la Navidad de 1914, cinco meses después de que comenzara la Primera Guerra Mundial, se produjo una tregua en la que tuvieron lugar varios altos al fuego no oficiales. Durante esta tregua, se celebraron varios partidos de fútbol entre bandos enfrentados. Una estampa memorable en medio de las hostilidades de una guerra.

262

OCHO CONTRA OCHO

Así finalizó el derbi de la liga española celebrado en el Estadio Olímpico de Montjuic entre el Espanyol y el FC Barcelona (1-3). En este partido, que tuvo lugar el 13 de diciembre de 2003, el colegiado Alfonso Pino Zamorano mostró la tarjeta roja a tres jugadores de cada equipo, por lo que quedaron ambos con ocho jugadores cada uno.

263

PARTIDO NO DISPUTADO

Antes de que la competición futbolística en España se suspendiera por la pandemia de coronavirus, solo ha habido un partido programado de la liga que no llegó a disputarse. Se trata del encuentro entre el CD Málaga y el AD Almería, previsto para el 30 de marzo de 1980. El motivo fue la incomparecencia del CD Málaga, que protestaba de esta manera después de la clausura de su estadio La Rosaleda.

264

DORSALES EN LA ESPALDA DE LA CAMISETA

La primera vez que los futbolistas lucieron números en la espalda de sus camisetas fue en la final de la FA Cup de Inglaterra que disputaron el Everton y el Manchester City en 1933. En esa ocasión, los jugadores del Everton lucieron la numeración del 1 al 11 y los del City del 12 al 22.

265

¿CÓMO SE REPARTEN LOS DORSALES DE LAS CAMISETAS?

La numeración de los dorsales en las camisetas de los jugadores obedecía, inicialmente, a la posición del jugador en el terreno de juego. El portero llevaba el 1; los defensas, el 2 y 3; los centrocampistas, el 4, 5 y 6, y los delanteros, los cinco restantes, ya que en aquella época se jugaba con un sistema ofensivo 2-3-5. Con el tiempo, todo esto se ha transformado y, en la actualidad, los jugadores suelen elegir un número entre el 1 y el 25 cuando fichan por un equipo.

266

IVÁN ZAMORANO Y SU CURIOSO «NUEVE» A LA ESPALDA

Iván Zamorano jugaba habitualmente con el número 9 a la espalda, hasta que coincidió en el Inter de Milán con Ronaldo Nazario. Por razones de su marca deportiva, el brasileño debía lucir el 9 en su camiseta. Entonces, Zamorano se decidió por el número 18, pero lo hizo de una curiosa manera: en su camiseta, podía leerse «1+8».

267

LA REVOLUCIÓN ARGENTINA DE LOS DORSALES

En el Mundial de Argentina (1978), los anfitriones revolucionaron el reparto de dorsales, al asignarlos por orden alfabético. Así, el 1 lo llevaba el centrocampista Norberto Alonso, mientras que los porteros Baley, Fillol y LaVolpe llevaron el 3, el 5 y el 13, respectivamente.

268

BOTAS A MEDIDA

Hace años, la mayoría de las botas de fútbol eran iguales o muy parecidas. Conocidas como borceguíes, y generalmente negras, en nada se parecían al moderno calzado de los futbolistas actuales. Hoy en día, las botas de los futbolistas de élite son personalizadas, no solo para el tipo de superficie, sino también para los pies de cada uno de ellos.

269

HACER UN «SIETE» AL CONTRARIO

El 10 de febrero de 1952, el partido entre el FC Barcelona y el Sporting de Gijón terminó con un abultado marcador (9-0). Sin embargo, lo más sorprendente de este encuentro no fue su resultado final, sino «el siete» que le hizo Ladislao Kubala al rival. El jugador de origen húngaro anotó siete de los nueve tantos del encuentro.

270

¿SABES QUÉ ES UN PENALTI «A LO PANENKA»?

En 1976, Panenka, jugador de la entonces selección de Checoslovaquia, lanzaba un penalti picado por el centro de la portería y lograba la Eurocopa para su país. Sin embargo, la trascendencia de este gol no termina en esa victoria. Han pasado más de 45 años y esta forma revolucionaria de lanzar una pena máxima sigue vigente y despierta admiración por quienes se atreven a imitarlo y logran marcar.

271

ZAMARRAS LIMPIAS

El Celtic de Glasgow jugó sin dorsales en sus camisetas durante muchos años. Los escoceses decían que el dorsal «manchaba» la camiseta y resistieron hasta 1975 llevando el número únicamente en el pantalón.

272

TITULARES DEL UNO AL ONCE

En el Mundial de Suiza (1954), los futbolistas lucieron dorsales en la espalda de sus camisetas por primera vez en una Copa Mundial. Por entonces, lo habitual era que los titulares lucieran los números del uno al once. México 1970 fue el último campeonato mundial en el que esta costumbre se cumplió.

273

MARADONA NEGOCIÓ «SU 10»

En el Mundial de España (1982), Diego Armando Maradona debía llevar el número 12 a su espalda, según las normas de su propia selección. Sin embargo, el argentino negoció con su compañero Patricio Hernández para poder lucir el número 10, número que había lucido antes el ídolo de Maradona: Pelé.

274

SIR ARTHUR CONAN DOYLE, ESCRITOR, MÉDICO Y... FUTBOLISTA

El famoso escritor sir Arthur Conan Doyle es conocido, sobre todo, por ser el creador del personaje Sherlock Holmes. Sin embargo, este célebre británico también fue médico y el primer portero del histórico equipo inglés Portsmouth Football Club.

275

UN RAYO QUE FULMINÓ A LOS ONCE LOCALES

En 1998, se enfrentaban el Bena Tshadi y el Basanga, ambos de la primera división congoleña, cuando un rayo impactó sobre el terreno de juego. El rayo acabó con la vida de los once jugadores del Bena Tshadi, el equipo local, y también hirió a varias personas que presenciaban el partido. Sin embargo, los jugadores del equipo visitante resultaron ilesos.

276

UN EQUIPO DE NOMBRE CASI IMPRONUNCIABLE

Llanfairpwllgwyngyllgogerychwyrndrobwllllantysiliogogogoch FC. Así se llama el equipo de un pueblo situado en Gales. Fundado en 1899 bajo la denominación de Llanfair Rovers, el club decidió, más adelante, cambiar su nombre por el del pueblo al que pertenece. Adquirió así una denominación casi impronunciable, que ocupa un largo espacio en sus camisetas, pero que parece funcionar muy bien como reclamo turístico.

277

FÚTBOL PACIFICADOR

En 2005, Didier Drogba, capitán de la selección de Costa de Marfil, aprovechó un momento de tregua en su país (en guerra civil desde 2002) para lanzar un mensaje pacificador. El país se paralizó por su clasificación histórica para el Mundial de Alemania (2006). El futbolista, que en aquel entonces jugaba en el Chelsea Football Club, aprovechó el alto al fuego para pedir a los ciudadanos de su país que dejaran las armas y que organizaran unas elecciones libres. La guerra finalizó en 2007 y algunos medios aseguran que Didier Drogba contribuyó a que esta cesara.

278

DE FA CUP A THE EMIRATES FA CUP

La FA Cup inglesa, fundada en 1872, es oficialmente la competición más antigua del mundo. Pero ¿sabías que, en la actualidad, se llama The Emirates FA Cup? Pues sí, a sus más de 150 años, esta competición tiene ahora esta denominación por motivos de patrocinio. La publicidad entró de lleno en el mundo del fútbol hace muchas décadas y, en la actualidad, es un motor básico de sus ingresos.

279

TOLERANCIA CERO CON LA VIOLENCIA

En la década de 1980, los clubes vieron crecer el racismo y la xenofobia de los grupos ultras. Lamentablemente, estos grupos encontraron en los estadios un lugar más donde mostrar su violencia. La Ley del Deporte de 1990 no había tenido en cuenta sus acciones por lo que, en 2007, tuvo que desarrollarse una nueva ley contra la violencia, el racismo, la xenofobia y la intolerancia en el deporte. Sin embargo, el verdadero cambio no llegaría hasta 2014, tras la lamentable muerte de un aficionado a manos de estos grupos. En la actualidad, las medidas de seguridad, el cambio de mentalidad y la tolerancia cero con la violencia han convertido a nuestro país en uno de los referentes de seguridad en los estadios de fútbol.

280

FÚTBOL DE PIE Y CON LAS MEJORES GALAS

¿Te has fijado en los espectadores de los partidos de las décadas de 1950 o 1960? Si ves alguna fotografía o imágenes de aquellos partidos, podrás observar que la mayoría de los espectadores estaban de pie. Además, era habitual que vistieran sus mejores galas, traje de domingo para celebrar lo que se consideraba un verdadero acontecimiento social. Hacia mediados de la década de 1970, los jóvenes empezaron a cambiar la indumentaria y, aunque seguían de pie, las modas se transformaron considerablemente.

281

UN GRADERÍO MUY DIVERSO

Las gradas de los estadios de fútbol actuales nada tienen que ver con las del pasado siglo. El diverso graderío actual nos muestra aficionados sentados, con todo tipo de indumentarias y un porcentaje cada vez mayor de mujeres. No hay nada de alcohol y, en algunos estadios, tampoco se permite fumar. Además, tiendas, restaurantes y otros servicios completan la oferta de un tipo de ocio que sigue levantando pasiones.

282

EL RECLAMO COMERCIAL DEL FÚTBOL

Algunos clubes, como el Celtic de Glasgow, se resistieron durante años a «manchar la camiseta» con los dorsales. Sin embargo, años más tarde, los patrocinios empezaron a ocupar la parte delantera de las camisetas de los futbolistas. En España, este hecho se produjo a partir de la década de 1980 y, aunque inicialmente estaba mal visto, lo cierto es que todos los clubes se fueron sumando a esta nueva forma de obtener ingresos. El primer equipo en hacerlo fue el Racing de Santander en 1981. Hoy en día, el fútbol no se entiende sin este tipo de patrocinios.

283

LA ESTRATEGIA DEL «MANGUERAZO»

Hasta hace unos años, era frecuente que el césped estuviera en malas condiciones debido a la climatología. «El césped es un barrizal» o «el campo parece un patatal» eran expresiones habituales y también la causa de algunas lesiones. Sin embargo, los equipos de las zonas más lluviosas estaban acostumbrados a jugar en terrenos de juego mojados e, incluso, encharcados. Por eso, algunos clubes se especializaban en la práctica del fútbol en este tipo de condiciones y sacaban partido del mal estado del terreno de juego. Por esa razón, se hablaba con frecuencia de la estrategia del «manguerazo», cuando el equipo local regaba en exceso el terreno de juego para tener ventaja respecto a su rival.

284

DEL FESTEJO DE UN GOL A LA TRAGEDIA DE UNA LESIÓN

Marcar un gol es la meta de cualquier futbolista. Sin embargo, existen muchas evidencias de que festejar un gol puede desencadenar una lesión. Son muchos los futbolistas que se han lesionado después de marcar. Algunas de estas lesiones fueron leves, pero otras han provocado verdaderas tragedias profesionales y personales. En un partido de Copa del Rey entre Villarreal Club de Fútbol y Unión Deportiva Levante, el jugador del Villareal Martín Palermo celebraba con los hinchas un gol cuando estos derribaron un muro sobre su pierna. Esta lesión lo mantuvo varios meses inactivo.

285

MUSEU CR7

En 2013, Cristiano Ronaldo inauguró su propio museo. El Museu CR7 está en Madeira, su isla natal, junto al puerto de Funchal. El portugués, que acumula una gran cantidad de títulos y de trofeos, quiso exhibirlos públicamente de esta forma. Así, en este espacio, se exponen sus trofeos (entre ellos, sus balones de oro y sus botas de oro) y una estatua de cera de tamaño natural.

286

UN GUARDAMETA QUE TRABAJÓ EN LA NASA

Se trata del portero que defendió la portería de Trinidad y Tobago en el Mundial de Alemania (2006). Shaka Hislop no fue un futbolista destacado; sin embargo, estudió Ingeniería Mecánica y, tras graduarse, consiguió una beca en Estados Unidos que le permitió trabajar para la NASA.

287

UN DELANTERO EN UNA COMPAÑÍA AERONÁUTICA

El delantero norirlandés Iain Dowie fue rechazado por el Southampton inglés a los 16 años. Esto le hizo volver a sus estudios y graduarse como ingeniero aeronáutico en la Universidad de Hertfordshire. Dowie llegó a trabajar para British Aerospace, una compañía aeronáutica y de defensa británica. Más tarde volvió al mundo del fútbol y jugó en varios equipos, hasta que finalmente fichó por el club que le rechazó cuando era un adolescente. Estuvo en activo entre 1983 y 1991 y, en la actualidad, es entrenador de fútbol y experto en televisión deportiva.

288

FUTBOLISTAS ESPAÑOLES UNIVERSITARIOS

Algunos futbolistas españoles han sabido compaginar su carrera deportiva con los estudios. Así, en lugar de dedicarse solo al fútbol, hay jugadores que han ido a la universidad y han terminado sus carreras. El internacional Juan Mata es uno de ellos: estudió Ciencias de la Actividad Física y del Deporte (INEF) y, cuando finalizó, continuó su formación estudiando Marketing. Casos parecidos son el de Iniesta, que también estudió Ciencias de la Actividad Física y del Deporte, y el de Esteban Granero, que estudió Psicología.

289

UN FUTBOLISTA MÉDICO CON NOMBRE DE FILÓSOFO GRIEGO

Todo el mundo del fútbol conoce al brasileño Sócrates por su habilidad con el balón y por su elegancia en el terreno de juego. Lo que quizá no todos saben es que este exfutbolista con nombre de filósofo griego se graduó en Medicina cuando ya era jugador profesional. Obligado por su padre, que no consideraba el fútbol una profesión digna, se matriculó en la Facultad de Medicina y se convirtió en médico en 1978, con 23 años.

290

FUTBOLISTA COMPROMETIDO

El exfutbolista francés Ruddy Lilian Thuram-Ulian es conocido a nivel internacional por su brillante trayectoria deportiva. Thuram jugó, entre otros clubes, en el FC Barcelona, y consiguió ser campeón mundial con Francia en 1998. Sin embargo, al margen del deporte, este defensa internacional destaca por su fuerte compromiso social y por su lucha contra el racismo. Su compromiso político le llevó a ser duramente atacado por la derecha francesa, pero esto no detuvo a Thuram, que actualmente preside una fundación para combatir el racismo y ha publicado el libro *El pensamiento blanco*.

291

MÚSICA PARA EL FÚTBOL

La música no es ajena al mundo del fútbol. Son muchos los temas inspirados o dedicados a jugadores o a equipos concretos. Uno de los más conocidos es «Fearless», de la banda Pink Floyd, que reproduce al principio y al final el canto de los aficionados del Liverpool. «Fearless» terminó inspirando la canción que se convirtió en el famoso himno del Liverpool FC: «You'll Never Walk Alone».

292

MUY CERCA DE TUS ÍDOLOS

Con la llegada de las redes sociales, la relación de las estrellas del deporte con sus fanes se ha transformado por completo. En la actualidad, gracias a este medio de comunicación, los aficionados al fútbol pueden compartir experiencias de juego e interactuar con sus ídolos de una forma que los hinchas del siglo pasado ni se imaginaban. Por eso, la mayoría de los jugadores de primer nivel cuentan con agencias de comunicación que gestionan sus cuentas personales.

293

EL CABEZAZO MÁS FAMOSO DE LA HISTORIA

Han pasado más de quince años y se sigue recordando. Y no fue un remate a portería. Fue en la final del Mundial de Alemania (2006), donde se enfrentaban Francia e Italia, y corría el minuto 110 de partido, con un empate a uno en el marcador. Zinedine Zidane y Marco Materazzi intercambiaron algo más que palabras y el enfrentamiento terminó con un cabezazo del francés al italiano, que le costó la tarjeta roja directa. La ejemplar carrera de Zidane tuvo este lamentable lance justo antes de que se retirara del fútbol.

294

LA V DE VICTORIA TAMBIÉN ES V DE VIOLENCIA

Un estudio de la Universidad de Cardiff, en Gales, llegó a la conclusión de que los hinchas de los equipos de fútbol muestran mayor violencia ante una victoria que ante una derrota. Aunque parezca mentira, la euforia que desencadena el triunfo lleva a muchos aficionados a cometer actos violentos. El estudio analizó los ingresos hospitalarios en emergencias de aficionados al fútbol después de los partidos de la selección de Gales, y comprobó que este número de ingresos era mayor cuando la selección ganaba.

295

ROJO, EL COLOR DE LA VICTORIA

La Universidad de Durham (Inglaterra) realizó un estudio sobre las victorias y las derrotas de los equipos ingleses durante una temporada y cruzó los datos con el color de su indumentaria. La conclusión de este estudio fue que, al menos en Inglaterra, los equipos que vestían de rojo conseguían más victorias que derrotas.

296

LOS APODOS DEL PELUSA

Seguro que ya sabes quién era el Pelusa, pero puede que no conozcas los otros apodos de Diego Armando Maradona. Lo cierto es que este no fue el único sobrenombre del astro argentino. «El Pibe de Oro» o «D10S» son otros nombres curiosos con los que se lo conoce. El primero de todos fue «Cebollita», un apelativo común a todos sus compañeros de las categorías inferiores del Argentina Juniors, equipo en el que jugó Maradona cuando, siendo un niño, ya destacaba por su increíble forma de manejar el balón.

297

EL OTRO MARADONA

Para algunos aficionados, no ha habido otro como él. Sin embargo, el documental de 2013 *El otro Maradona* cuenta la historia del amigo y vecino de Diego Maradona, Goyo Carrizo. Este amigo de la infancia, también futbolista, fue uno de los responsables de que Diego jugara en Los Cebollitas, donde comenzaría su magnífica carrera. Quienes los vieron jugar juntos cuando eran niños apostaban sobre cuál de los dos era mejor. No obstante, una grave lesión apartó a Goyo de los terrenos de juego y truncó su carrera como futbolista.

298

A PUÑETAZOS

La Real Federación Española de Fútbol sancionó a Maradona con siete meses de suspensión. Fue en 1984, después de que la final de la Copa del Rey, que enfrentó al FC Barcelona y al Athletic de Bilbao, concluyera a puñetazos. Finalmente, el astro argentino fichó ese mismo verano por el Nápoles italiano. Un fichaje multimillonario que escandalizó al mundo del fútbol y que evitó que el Pelusa cumpliera la sanción.

299

MARADONA SEVILLISTA

Algo que no todo el mundo sabe es que Diego pasó por el Sevilla FC. El club sevillano fichó a Maradona en la temporada 1992-1993 a petición de su entonces entrenador Carlos Bilardo. Su paso por el club resultó efímero ya que, debido a las desavenencias con su entrenador, no llegó a completar la temporada.

300

LA IGLESIA MARADONIANA

En 1998, en Rosario (Argentina), se fundó la conocida como «iglesia Maradoniana». Según su propia web, «la iglesia Maradoniana reúne a los cientos de miles de fanáticos de Maradona que hay en todas partes del mundo. Nuestra religión es el fútbol y como toda religión ha de tener un Dios». Dicho y hecho, esta iglesia adora a Diego Maradona como a un verdadero dios y, en sus mandamientos y oraciones, sustituyen siempre la palabra «Dios» por «Diego» o «D10S».

301

BALÓN DE ORO HONORÍFICO

¿Sabías que Diego Maradona nunca recibió el Balón de Oro? Las razones no hay que buscarlas en su indudable calidad futbolística, sino en las normas de la organización de este trofeo. Mientras Maradona estuvo en activo, el Balón de Oro solo podían recibirlo futbolistas europeos. Esta norma se cambiaría posteriormente, pero Diego no llegó a recibir el preciado trofeo. Por eso, la revista *France Football*, organizadora de los premios, le entregó en 1995 un Balón de Oro honorífico.

302

KINGS LEAGUE

El conocido *streamer* Ibai Llanos ha creado, junto con el exfutbolista Gerard Piqué y otros *streamers* y creadores de contenido, un campeonato de fútbol de once jornadas, en cada una de las cuales se disputarán seis partidos. Una curiosa liga en la que seguro que no faltarán momentos divertidos protagonizados por estos reyes del entretenimiento.

303

LOS DORSALES EN LAS CAMISETAS EN LA LIGA ESPAÑOLA

En la liga española, el primer equipo que utilizó dorsales en las camisetas fue el Real Madrid. Lo hizo en la temporada 1947-1948, en el partido disputado frente a su eterno rival, el Atlético de Madrid, y ante 70.000 espectadores. El encuentro se disputó en el Estadio Metropolitano y finalizó con un abultado Atlético de Madrid, 5-Real Madrid, 0.

304

LA PRIMERA QUINIELA

Aunque no todos se ponen de acuerdo sobre los inicios de la quiniela de fútbol, parece que la primera jornada de liga con quiniela se disputó el 22 de septiembre de 1946. El Gobierno decidió regular unas apuestas, que ya existían entre las peñas. Para ello, creó el Patronato de Apuestas Mutuas y Benéficas. Aquí arrancó una quiniela que continúa jugándose en nuestros días.

305

DORSAL FIJO Y NOMBRE EN LAS CAMISETAS

A partir del año 1995, los jugadores de la liga española empezaron a lucir en sus camisetas no solo un dorsal fijo para toda la temporada, sino también su nombre futbolístico. Fue en la temporada 1995-1996 y, en aquel momento, solo fue una forma de identificar a los jugadores en el terreno de juego. Sin embargo, a lo largo de los años, todo ha ido cambiando. Por ejemplo, en la temporada 2017-2018, se estableció una tipografía única para todos los equipos de la liga española. De esta forma, el nombre y el dorsal se convirtieron también en elementos identificadores de la competición.

306

JUGADOR, ENTRENADOR Y… ÁRBITRO

En los primeros años de la liga española, las normas eran diferentes a las actuales. Algo que ocurría en ocasiones es que los entrenadores eran también jugadores, cuando era necesario. Este es el caso de Pedro Vallana Jeanguenat, jugador del Arenas de Guecho durante la primera temporada de la historia de la liga (1928-1929). Lo curioso de este jugador es que no solo fue también entrenador, sino que además fue uno de los árbitros de la liga española entre los años 1929 y 1936.

307

¿MANGA CORTA O MANGA LARGA?

Actualmente, la mayoría de los futbolistas utilizan camiseta de manga corta para jugar, sea cual sea el periodo del año. Los hay también que cambian la manga corta por la manga larga en función de la climatología; pero hay algunos, una minoría, que se inclinan por la manga larga, haga frío o calor. Es el caso de, por ejemplo, Antoine Griezmann, Cristiano Ronaldo o David Beckham, entre otros. Las razones pueden ser muy distintas para cada uno: cuestión de imagen, de imitar a sus ídolos, etc. Sean cuales sean las razones y la elección de cada uno, la camiseta sigue siendo motivo de comentarios de todo tipo. En las décadas de 1940 y 1950, Luis Molowny, jugador del Real Madrid, se ganó el apodo de «el Mangas» por su peculiar forma de agarrarse las mangas de la camiseta mientras jugaba.

308

120.000 ASIENTOS EN EL CAMP NOU

¿Sabías que el Camp Nou llegó a tener capacidad para 120.000 espectadores? El estadio, que actualmente cuenta con un graderío para 99.354 espectadores, se inauguró el 24 de septiembre de 1957 con una capacidad para 99.053 espectadores. Más tarde, fue reformado para acoger el Mundial de España (1982). Su capacidad se incrementó entonces en más de veinte mil nuevas plazas en la tercera grada, lo que le llevó hasta esa cifra de 120.000 asientos.

309

UN ESTADIO EN LOS ALPES

¿Sabías que hay un estadio al que solo se puede llegar cogiendo un teleférico? Se trata del Ottmar Hitzfeld Arena, situado a dos mil metros sobre el nivel del mar, lo que le convierte en el más alto de Europa. Este pequeño estadio se encuentra en Suiza, literalmente rodeado de montañas. Pertenece al FC Gspon, equipo aficionado, y la única vía de acceso al estadio es un teleférico.

310

UNA SINGULAR CATEDRAL

El estadio de San Mamés, propiedad del Athletic Club, se conoce popularmente como «La Catedral». Este mítico estadio fue sustituido en 2013 por el actual Nuevo San Mamés. Se trata de una obra arquitectónica singular: su fachada, que fue convertida en una especie de pantalla con luces para iluminar el recinto, es espectacular. En 2015, recibió un premio como mejor edificio deportivo del mundo de nueva construcción, en el World Architecture Festival. Un espacio con capacidad para 53.331 espectadores, en el que el diseño moderno y funcional se combina con la tradición de este histórico club.

311

CAMPO DE FÚTBOL ECOLÓGICO

El estadio Janguito Malucelli, también conocido como «Ecoestádio», se encuentra situado en Curitiba, Brasil. Este campo brasileño, construido en 2007, tiene la peculiaridad de ser un estadio sostenible. Fue diseñado para causar el menor impacto ambiental posible. Las gradas se cavaron en la tierra y los materiales (madera y hierro) procedían de zonas de reforestación y de piezas de ferrocarril recicladas, respectivamente. El estadio, que tiene capacidad para unas cuatro mil personas, fue el primero en lograr la denominada «etiqueta de estadio ecológico». Desde la colina donde se asientan sus gradas sin hormigón puede contemplarse la ciudad de Curitiba.

312

TROFEO UEFA CHAMPIONS LEAGUE EN PROPIEDAD

A partir de la temporada 1968-1969, la UEFA estableció una nueva norma para que la entonces denominada «Copa de Europa» se entregara en propiedad a los clubes que la ganasen, o bien en tres ocasiones de forma consecutiva, o bien en cinco alternas. Tras la instauración de esta nueva norma, solo Real Madrid, FC Barcelona, Ajax, Bayern de Múnich, Milan y Liverpool tienen el trofeo original en sus vitrinas.

313

LA OREJONA

¿Sabías que el trofeo que recibe el ganador de la UEFA Champions League se conoce como «orejona»? Ello se debe a que su forma, una copa con gigantes asas en sus laterales, sugiere la de unas grandes orejas. El apodo, que surgió en España, se ha ido difundiendo y ahora, incluso en Latinoamérica, llaman así a la copa.

314

EL MÍTICO GOL DE ZARRA FRENTE A INGLATERRA

Puede que hayas oído hablar a tu familia sobre algunas de las gestas de la selección española en el siglo pasado. Una de estas fue el mítico gol de Telmo Zarra en el Mundial de Brasil (1950). Han pasado más de setenta años de aquel 2 de julio frente a Inglaterra, pero este famoso gol está siempre presente en los momentos históricos de la Roja. Gracias a este tanto, España se clasificó, por primera vez en su historia, para las semifinales de una Copa Mundial.

315

FÚTBOL JUNTO AL CÍRCULO POLAR ÁRTICO

Frente a las costas de Noruega, en las Islas Lofoten, hay un pequeño estadio de fútbol que muchos consideran el más bello del planeta. No destaca por sus dimensiones y apenas tiene gradas, pero el lugar y las vistas desde este peculiar estadio son incomparables. También, la cercanía al Círculo Polar Ártico lo convierte en uno de los estadios más espectaculares del mundo.

316

222 MILLONES POR NEYMAR

El de Neymar sigue siendo, por el momento, el fichaje más caro de la historia del fútbol. Fue en la temporada 2017-2018 y el Paris Saint-Germain (PSG) pagó 222 millones de euros al FC Barcelona por la estrella brasileña.

317

TRASPASOS NACIONALES MILLONARIOS

En lo que se refiere a futbolistas españoles, dos jugadores comparten el récord de traspasos más caros de la historia. Álvaro Morata y Kepa Arrizabalaga dejaron sus respectivos equipos para jugar en el fútbol inglés. En 2017, el Chelsea FC pagó al Real Madrid 80 millones por Morata y, en 2018, el club británico volvería a desembolsar dicha cifra al Athletic Club por Kepa.

318

57,72 EUROS POR 2 PESETAS

¿Sabes cuánto costaba una quiniela en 1946? En la primera jornada de fútbol con quiniela, el precio del boleto era de dos pesetas (1,20 céntimos de euro). En esa jornada, hubo dos boletos acertantes de la primera categoría, que recibieron un premio de 9.603 pesetas cada uno (57,72 euros); uno de segunda categoría, que cobró 7.202 pesetas (43,28 euros); uno de tercera categoría, que cobró 4.801 pesetas (28,85 euros); y 58 acertantes de cuarta categoría, que se llevaron 59 pesetas y 75 céntimos (unos 36 céntimos de euro).

319

LA NARANJA MECÁNICA DEL FÚTBOL TOTAL

¿Has oído hablar alguna vez de la Naranja Mecánica? En el Mundial de Alemania de 1974, la selección de Holanda jugó con la tradicional camiseta de color naranja y se ganó el sobrenombre de o*ranje* (naranja, en neerlandés). Su espectacular fútbol, con un fuerte *pressing* al contrario, y su desempeño en el terreno de juego, como si de una máquina se tratara, dio lugar a este sobrenombre con el que aún se refieren a esta selección en el mundo del fútbol.

320

COMENZAR EL PARTIDO CON BUEN PIE

¿Te has fijado en los futbolistas al saltar al terreno de juego? Son muchos los que reconocen tener ciertas manías y rituales para ese momento. Ya sea por superstición u otras razones, algunos convierten su salida a la cancha en un instante decisivo para tener suerte o no tenerla a lo largo del encuentro. Muchos se santiguan e, incluso, algunos rezan, como David Villa o el brasileño Kaká. Otros, como David Silva, tienen la manía de pisar el terreno de juego con el pie izquierdo en primer lugar. Y los hay que salen siempre los últimos, como Messi o Cristiano Ronaldo.

321

LA SALSA DEL FÚTBOL

Sin duda, el momento estrella de un partido de fútbol llega con el gol. Algunos futbolistas han establecido un verdadero ritual en torno a este mágico momento. Seguro que has oído hablar de la voltereta que hacía Hugo Sánchez tras marcar. El gesto del arquero, con la rodilla en tierra, lo popularizó el rojiblanco Kiko Narváez. Y el baile de la cuna fue cosa del brasileño Bebeto después de ser padre. El corazón de Di María, dedicado a su mujer, y las máscaras de luchadores que usaba el uruguayo Sebastián Abreu son también curiosos ejemplos de estas celebraciones tan particulares.

322

A PUERTA CERRADA

Seguro que habrás oído esta expresión en más de una ocasión. Algunos equipos son sancionados y tienen que jugar uno o varios partidos sin público. Esta desoladora visión del graderío vacío se convirtió, en 2020, en una estampa habitual de los campos de fútbol. En España (así como en otros muchos países del mundo), la competición se reanudó en plena pandemia por coronavirus, pero sin público. La vuelta de los aficionados a los estadios no se produjo hasta la temporada 2021-2022.

323

MEDIAS NEGRAS PARA EL EQUIPO MERENGUE

Durante el siglo pasado, la indumentaria de los futbolistas era muy diferente a la que llevan en la actualidad. Una de las cosas más curiosas es que, hasta la década de 1950, la mayoría de los equipos utilizaban medias negras. Esto incluye a los que vestían completamente de blanco como, por ejemplo, el Real Madrid. Más recientemente, en el partido de vuelta de las semifinales de la UEFA Champions League (2021), el Real Madrid también vistió medias negras. En este caso, los blancos fueron obligados por la UEFA a cambiar sus tradicionales medias blancas para que no coincidieran con las del equipo contrario, el Chelsea FC.

324

FICHAJE DE KUBALA: DEL CAMP DE LES CORTS AL CAMP NOU

El fichaje de Ladislao Kubala por el FC Barcelona supuso una verdadera revolución en el club. Por entonces, el equipo jugaba en el Camp de Les Corts que, con la llegada de esta superestrella del fútbol internacional, se llenaba sistemáticamente en cada partido. Eran muchos los aficionados que habían visto a su ídolo en televisión y que se quedaban sin entrada para verlo en vivo. Fue entonces cuando se decidió construir un nuevo estadio. Unos años más tarde, se inauguró el actual estadio, con el nombre de Estadio del Club de Fútbol Barcelona. Popularmente, se conoció siempre con el nombre de Campo Nuevo (Camp Nou), tal y como se llama actualmente el estadio.

325

INGRESOS POR PUBLICIDAD

Muchas de las grandes estrellas del fútbol actual obtienen más ingresos de sus contratos publicitarios que de su propia actividad como futbolistas. A las astronómicas cifras que reciben de sus clubes, un buen número de ellos les suman aún más ingresos de sus patrocinadores. Son superestrellas mundiales y, como tales, un gran reclamo comercial. Esto les ha llevado a convertirse en imagen de marcas deportivas o de otros productos de consumo de renombre internacional.

326

LOS VESTUARIOS DE ANTES

El vestuario del equipo es un lugar especial. Sin embargo, hace algunas décadas las cosas eran bien diferentes a como son ahora. Los futbolistas compartían la indumentaria, no había equipaciones personalizadas ni sitios fijos para cada jugador. Además, era frecuente que personas ajenas, como los periodistas, el presidente o los directivos del club, lograran colarse, con distintos objetivos, y que permanecieran junto a la plantilla antes y después del choque.

327

POR DEBAJO DE LA BARRERA

Desde hace unos años, en el lanzamiento de una falta, muchos equipos sitúan a uno de sus jugadores tumbado en el suelo, por detrás de la barrera. ¿Sabes por qué? En un tiro de este tipo es habitual que los miembros de la barrera salten y se muevan al momento del lanzamiento. Este ajetreo abre un espacio por debajo, que algunos jugadores de calidad han sabido aprovechar con tiros rasos para marcar. El argentino Lionel Messi lo hizo en varias ocasiones. Como consecuencia de ello, ahora es habitual situar a uno de los jugadores en esa posición para evitar el gol.

328

VESTUARIOS CINCO ESTRELLAS

¿Sabes cómo son los vestuarios actuales de los clubes de fútbol masculino de primer nivel? Lo cierto es que no todos son visitables, ni siquiera para la prensa. Son espacios personalizados donde cada futbolista tiene asignado su lugar. En la mayoría de los casos, los espacios comunes cuentan con sauna, *jacuzzi*, piscina, y muchas otras instalaciones. Un entorno de lujo donde no falta ningún detalle para que las estrellas estén relajadas y concentradas en el partido.

329

EL HOMBRE DEL GOL

Este es el sobrenombre con el que se conocía a Héctor del Mar, locutor de radio famoso por sus retransmisiones deportivas. En el mundo del fútbol, se hizo famoso rápidamente por sus eternas celebraciones de cada gol del partido. En noviembre de 1977, este argentino, que desarrolló la mayor parte de su carrera profesional en España, cantó el gol que dio el pase a la selección española para el Mundial de Argentina (1978) durante treinta interminables segundos.

330

MARADONA Y LA MÚSICA

Maradona fue un ídolo de masas dentro del terreno de juego. Fuera de este, un personaje siempre controvertido, que no dejaba a nadie indiferente. El mundo de la música siempre encontró inspiración en el astro argentino, que incluso se atrevió una vez a grabar la canción «Querida madre», junto al dúo Pimpinela. Además, fueron varios los músicos conocidos internacionalmente que le dedicaron alguna canción: Manu Chao, Andrés Calamaro y Fito Páez, entre otros, cantaron al crac argentino.

331

HIMNOS QUE NO SE PUEDEN CANTAR

Uno de los momentos estelares al comienzo de cada partido de selecciones es el de los himnos. Es habitual que los jugadores, muchos de ellos con la mano al pecho, lo canten entregados. Sin embargo, no todos ellos pueden hacerlo, aunque quieran. Y es que algunos himnos, como el de España, no tienen letra. Junto a los españoles, los internacionales de Bosnia y Herzegovina y de San Marino, entre otros, deben contentarse con escuchar respetuosamente y esperar el comienzo del partido.

332

GOL DE CHILENA

Seguro que conoces el gol de chilena, uno de los más espectaculares. Pero ¿sabes por qué se llama así? Se debe a la peculiar forma de cortar balones de Ramón Unzaga, un futbolista chileno que, curiosamente, nació en España. En 1914, este futbolista jugó con la selección de Chile y la prensa argentina bautizó esta increíble maniobra como «chilena». Desde entonces, se conocen de esta forma en España los goles conseguidos así.

333

A CARA O CRUZ

Se dice que las tandas de penalti suponen jugárselo todo a cara o cruz. Es una frase bastante acertada. Cuando va a comenzar una tanda de penaltis el árbitro y los capitanes de los equipos conversan. Lo que se decide en esa conversación es, en primer lugar, en qué portería van a ser lanzados los penaltis. Para ello, el colegiado lanza una moneda al aire y el equipo ganador elige la portería. A continuación, se decide el orden de lanzamiento. De nuevo es la moneda la que tiene la última palabra. Si a esto le añadimos que los lanzamientos tienen también un poco de azar, la verdad es que es bastante cierto eso de que es jugársela a cara o cruz.

334

LA MODA DE TATUARSE TRIUNFA EN EL MUNDO DEL FÚTBOL

Son muchos los futbolistas que llevan tatuajes con algún tipo de mensaje o significado. Relacionados con su infancia, con su religión, con alguna pasión, con sus seres queridos, etc. Así, por ejemplo, uno de los tatuajes del brasileño Neymar es un niño descalzo, con una pelota debajo del brazo, que parece soñar con tener éxito en el fútbol. Como habrás imaginado, ese niño es el propio Neymar.

335

SIN TATUAJES

Aunque resulta difícil encontrar un futbolista de élite que no tenga ningún tatuaje, también los hay. En este grupo, se encuentran futbolistas como Andrés Iniesta o Iker Casillas entre los españoles y Luka Modric, Kylian Mbappé o Cristiano Ronaldo entre los internacionales.

336

EL TRABAJO TODO LO VENCE

Aunque todavía no está tan extendido como en el fútbol masculino, la moda de los tatuajes también ha llegado al fútbol femenino. En este caso, llama la atención la frase que lleva tatuada Alexia Putellas en la espalda: *labor omnia vincit improbus*, que se traduce como «el trabajo todo lo vence». Un espléndido lema para una campeona convertida en leyenda del fútbol, gracias a su esfuerzo y a su lucha por dedicarse a su gran pasión.

337

EL PODER DE LA AFICIÓN

Hace casi cien años, en 1924, el Real Madrid inauguraba su nuevo estadio. Este recinto se llamaba oficialmente Campo del Real Madrid Fútbol Club. Estaba ubicado en la villa denominada Chamartín de la Rosa, donde hoy en día se encuentra el distrito de Chamartín y la zona conocida como Pinar de Chamartín. Por esta razón, los aficionados comenzaron a llamarlo «Estadio de Chamartín», y con ese nombre pasó a la historia.

338

LA ZONA CESARINI

Los minutos finales de un partido suelen ser de máxima tensión. Marcar en ese periodo del encuentro tiene siempre un valor superlativo. Sobre todo, si un gol puede decidir el partido o una eliminatoria. El jugador italiano Renato Cesarini se especializó en este tipo de goles al límite del tiempo reglamentario. Por eso, especialmente en Italia, a esta parte del encuentro, se la denomina «zona cesarini».

339

PARTIDO SUSPENDIDO POR UN OVNI

Ocurrió en Italia, en 1954, ante unos diez mil espectadores. Pocos minutos después de comenzar la segunda parte, el colegiado decidió suspender el encuentro al notar, en el cielo, la presencia de un objeto no identificado plateado y brillante. El suceso duró tan solo unos minutos en los que nadie miraba la cancha. Y dicen que luego comenzó a caer una sustancia pegajosa del cielo que nadie supo explicar qué era.

340

EL ESTADIO BAJO EL BRAZO

En 2017, el Atlético de Madrid jugó su último partido en el estadio Vicente Calderón. El histórico campo fue sustituido por el actual Estadio Cívitas Metropolitano. Lo sorprendente es que, varios partidos antes de que terminara la última temporada, algunos aficionados comenzaron a arrancar los asientos del Calderón para llevárselos como recuerdo.

341

TODA LA VIDA EN UN BANQUILLO

Es el caso del entrenador francés Guy Roux, que dedicó toda su vida a entrenar a su humilde equipo, el AJ Auxerroise. Roux dirigió al equipo a lo largo de 44 temporadas. Tardó veinte años, pero logró el ascenso a la primera división gala, desde la cuarta categoría en la que militaba cuando llegó al club. En la temporada 1995-1996, el AJ Auxerroise fue, por primera y única vez en su historia, campeón de la liga francesa.

342

SOCCER, FÚTBOL EN ESTADOS UNIDOS

En Estados Unidos, el deporte que nosotros llamamos fútbol se llama *soccer*. Se trata de una denominación que lo distingue de otro deporte, el fútbol americano, que ellos llaman *american football* o simplemente *football*. El *soccer* es el quinto deporte en popularidad en este país y su principal liga se llama Major League Soccer (MLS).

343

ENTREVISTADO EN PLENO JUEGO

En agosto de 2018, un guardameta fue entrevistado mientras jugaba. Fue en Estados Unidos, en un partido amistoso entre la Juventus de Turín y las estrellas de la MSL. Brad Guzan, portero de este equipo de estrellas, llevó un auricular y un micrófono durante todo el encuentro para comunicarse con la cadena que retransmitía el evento y responder a sus preguntas en directo.

344

UNA DULCE EXPULSIÓN

En el Mundial de Inglaterra (1966), Argentina se enfrentaba a los anfitriones en los cuartos de final. El centrocampista argentino Antonio Ubaldo Rattín fue objeto de lo que él consideró una injusta expulsión. Rattín se demoraba para abandonar el campo cuando empezó a recibir todo tipo de objetos procedentes de las gradas. Entre ellos, unas tabletas de chocolate que el protagonista no dudó en comerse para mayor ira de los hinchas británicos.

345

DOS PARTIDOS EN UN DÍA

En 1986, el danés Soren Lerby disputó un partido con su selección y, después, voló hasta Alemania para jugar con su equipo, el Bayern de Múnich. En 1987, Mark Hughes, del mismo equipo, hizo algo parecido: jugó junto a su selección (Gales) y luego volvió a Alemania para jugar con su club. Por último, ya en 1996, el mexicano Jorge Campos disputó también dos partidos en menos de 24 horas. En este caso, no tuvo que moverse del campo, donde jugó los dos partidos completos: primero, con Los Angeles Galaxy y, después, con su selección. Hoy en día, las normas de la FIFA establecen unas mínimas horas de descanso para los futbolistas entre partido y partido.

346

UNA ACCIDENTADA CELEBRACIÓN

En el Mundial de Brasil (2014) el fisioterapeuta de la selección de Inglaterra, Gary Lewin, festejó el gol del empate ante Italia dando saltos con gran entusiasmo. Lewin tuvo la mala fortuna de pisar una botella de agua que le hizo caer de forma aparatosa. Se rompió el tobillo y tuvo que salir del campo en camilla.

347

LA FINAL DEL CABALLO BLANCO

En 1923, el Estadio de Wembley acogió la final de la FA Cup, entre el Bolton Wanderers y el West Ham United. La expectación era inmensa y se vendieron unas 125.000 localidades. No obstante, nadie quería perderse el acontecimiento, por lo que más de 250.000 personas se acercaron al estadio e intentaron entrar. La policía tuvo que intervenir para evitar disturbios, y lo hizo ayudada por un caballo blanco que consiguió despejar el terreno de juego. Esta anécdota provocó que el partido se conozca como «la final del caballo blanco».

348

THE CRAZY GANG

Con este nombre («la pandilla loca del fútbol»), se conocía a los jugadores del Wimbledon FC. Sus artimañas dentro y fuera del terreno de juego dieron lugar a este apodo. Esta plantilla, de estilo un tanto brusco, llevó al club a obtener los mejores resultados de su historia. El mayor éxito de este equipo fue lograr la FA Cup en 1988, frente al Liverpool FC.

349

CON PANTALÓN LARGO

El portero camerunés Thomas N'Kono se hizo famoso en el Mundial de España (1982) por su pantalón largo, además de por su calidad futbolística. Parece ser que lo hacía para proteger sus piernas, ya que, en su país, el estado del terreno de juego dejaba bastante que desear por entonces. Sin embargo, N'Kono jugó en España desde 1982 hasta 1994 y nunca dejó de vestir pantalón largo.

350

UNA CAMPAÑA PUBLICITARIA MUY CARA

¿Te imaginas un futbolista enganchado a su móvil dentro de la cancha? Pues esto es lo que hizo el portero del Atlético Paranaense, Aderbar Santos, en 2018. Su equipo argumentó que se trataba de una campaña publicitaria, pero esto no evitó la sanción de un partido y más de 13.000 dólares de multa.

351

ARMADO HASTA LOS DIENTES

En un partido de la liga griega entre el PAOK de Salónica y el AEK de Atenas, los aficionados encendieron bengalas, tiraron al campo todo tipo de objetos y terminaron invadiendo el terreno de juego. Fue tras una polémica decisión arbitral. Lo más asombroso de este partido es que el presidente del PAOK, Ivan Savvidis, bajó a la cancha para amenazar al colegiado y se pudo ver que llevaba un revólver en la cintura.

352

SIETE VALIENTES FRENTE AL CORONAVIRUS

En 2021, el equipo colombiano Águilas Doradas Rionegro se enfrentó al Boyacá Chicó FC con solo siete jugadores. El resto de la plantilla tenía coronavirus y, aunque el equipo solicitó el aplazamiento del encuentro, no lo consiguió. Todo el mundo elogió el aguante de estos siete valientes, pese al marcador final desfavorable a su equipo.

353

LA MANO DE DIOS DE MARADONA

Esta popular expresión se refiere a un comentario de Diego Maradona tras haber marcado un gol con la mano en las semifinales del Mundial de México (1986). Como lo oyes, el astro argentino anotó un gol con la mano que subió al marcador. Preguntado por el lance, Maradona manifestó que ese gol lo había hecho «un poco con la cabeza y un poco con la mano de Dios».

354

EL KÁISER

Además de un magnífico futbolista, Franz Beckenbauer fue una verdadera personalidad en el mundo del fútbol. Por esta razón, el alemán fue conocido internacionalmente con el apodo de *Kaiser*, que en su idioma nativo significa «emperador».

355

UN DESPISTE DE MÁS DE DOS MILLONES DE EUROS

El balón con el que Maradona marcó el conocido gol de «la mano de Dios» se subastó en 2022 por 2.300.000 euros. ¿Sabes quién era su propietario? Curiosamente, era el árbitro tunecino Ali Bin Nasser, que dirigió el encuentro y se quedó entonces con el balón, como recuerdo. Su despiste en 1986 le ha proporcionado unos interesantes ingresos.

356

LA JOVEN Y PODEROSA BUNDESLIGA

La liga alemana de primera división (Bundesliga) es una de las más conocidas, y también de las más fuertes de Europa. Sin embargo, contrariamente a lo que se piensa, también es una de las más jóvenes. Este campeonato se disputa apenas desde 1963.

357

PRIMER GANADOR DE LA BUNDESLIGA

El primer equipo que ganó la Bundesliga fue el FC Colonia. Esa primera victoria le dio derecho a participar, la siguiente temporada, en la fase preliminar de la Copa de Europa.

358

UN LANZAMIENTO DE FALTA QUE SE HIZO VIRAL

Un tiro libre indirecto curioso fue el que tuvo lugar en 2018, en un encuentro de la Bundesliga. Se enfrentaban Hertha Berlín y Bayer Leverkusen cuando el árbitro señaló un libre indirecto dentro del área, a favor del Bayer Leverkusen. Todo el equipo del Hertha Berlín se colocó entonces bajo la portería. Aquellos once futbolistas en la línea de gol lograron frustrar el tanto, y el vídeo de este lanzamiento se haría viral.

359

HINCHA ENCADENADO A LA PORTERÍA

En un encuentro de la liga inglesa entre el Everton FC y el Manchester City, un aficionado saltó al campo y se esposó al poste de una de las porterías. Fue en 2012, y el juego estuvo detenido hasta que la policía logró quitarle las esposas al hincha y sacarlo del terreno de juego.

360

LANZAMIENTO DE GRANADAS EN ARGENTINA

En 2022, el clásico rosarino entre Rosario Central y Newell's Old Boys tuvo que retrasar su comienzo ante la avalancha de objetos lanzados a la cancha por los aficionados radicales. Lo sorprendente fue que, cuando los equipos salieron al terreno de juego, los ultras comenzaron a lanzar también granadas.

361

EL FUTBOLISTA QUE MURIÓ Y RESUCITÓ EN UN PARTIDO

En el Mundial de Suiza (1954), el internacional argentino-uruguayo Juan Hohberg sufrió un paro cardiaco en pleno juego, tras celebrar un gol. Lo increíble es que los médicos lograron reanimar a Hohberg, que se incorporó al partido y lo jugó hasta el final.

362

EL PODER DE UNA ESTRELLA

En el Mundial de Alemania (1974), Johan Cruyff ya era una estrella internacional. Tanto era así que se negó a vestir la camiseta con la marca deportiva que patrocinaba a su selección y lo consiguió. El holandés tenía firmado un contrato con otra marca y, por eso, durante el campeonato, vistió una camiseta diferente a la de sus compañeros.

363

«PROBLEMA» RESUELTO

Cuando un jugador consigue un *hat-trick*, lo habitual es que se lleve el balón a casa. Pero ¿y si dos jugadores lo consiguen en un mismo partido? Esto ocurrió en 2022, en el derbi entre el Manchester United y el Manchester City de la Premier League inglesa. Haaland y Foden, ambos del Manchester City, consiguieron los seis goles de su equipo, tres por cabeza. Por suerte, había habido un balón en la primera parte y otro, en la segunda. Así pues, cada jugador se llevó un balón a casa, y asunto resuelto.

364

AFICIONES QUE MERECEN UN PREMIO

El premio The Best tiene una categoría para la mejor afición. Para el ganador de 2022, se seleccionó a tres candidatos relacionados con el Mundial que se celebró ese año en Catar. La afición de Japón fue nominada por limpiar las gradas después de los partidos del citado Mundial. La hinchada argentina, por viajar en masa a Catar para apoyar a su selección. Por último, el aficionado árabe Abdullah Al Salmi también está en esa lista por haber atravesado el desierto a pie desde su ciudad natal (Yeda) hasta Catar con el fin de animar a su selección.

365

BALONES DIGITALES A LA VENTA

Desde 2023, los balones con los que se marcan los goles de la liga española se venden digitalmente. Así, cada vez que se marca un gol, el goleador firma el balón que, inmediatamente, se retira de la cancha. A continuación, se ponen a la venta los coleccionables digitales de dicho balón, para adquirirlos *online*. Además, gracias a esta compra, el aficionado entra automáticamente en el sorteo de la pelota física con la que se ha logrado el gol.

¿TE HAS QUEDADO CON MÁS GANAS DE FÚTBOL?

¡Salta al terreno de juego y pásalo genial con este libro de actividades!

UNA PROPUESTA PARA CADA DÍA DEL AÑO... ¡Y NO ABURRIRSE NUNCA!